Contraste insuffisant
NF Z 43-120-14

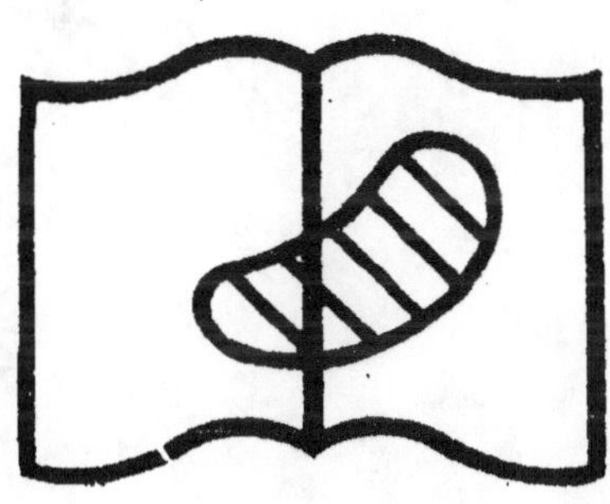

Illisibilité partielle

VALABLE POUR TOUT OU PARTIE DU
DOCUMENT REPRODUIT.

Couverture inférieure manquante

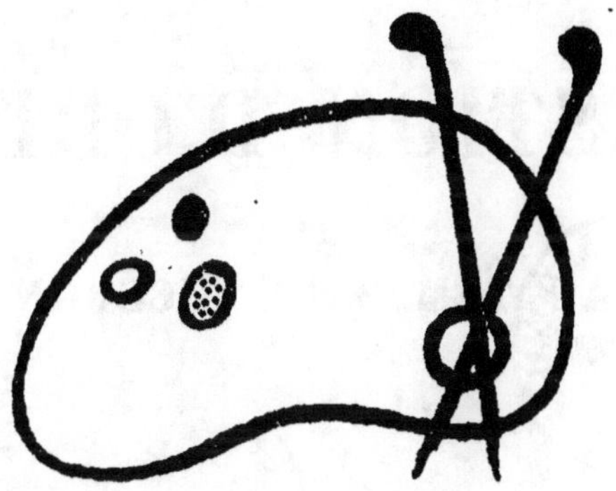

LA

QUESTION D'ORIENT

AU TEMPS DE CICÉRON

PAR

A. BOUCHÉ-LECLERCQ

Extrait de la *Revue historique*,
Tomes LXXIX et LXXX, année 1902.

(Les tirages à part ne peuvent être mis en vente.)

PARIS
1902

LA

QUESTION D'ORIENT

AU TEMPS DE CICÉRON

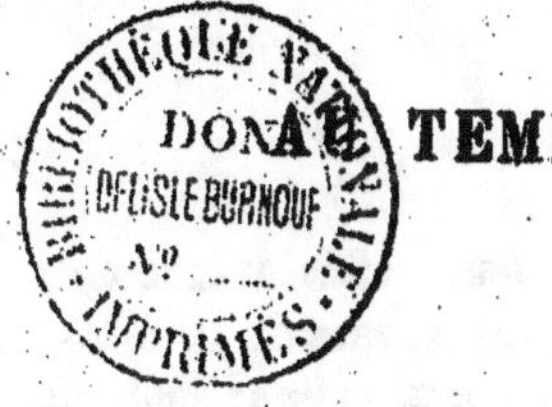

PAR

A. BOUCHÉ-LECLERCQ

Extrait de la *Revue historique*,
Tomes LXXIX et LXXX, année 1902.
(Les tirages à part ne peuvent être mis en vente.)

PARIS
1902

LA QUESTION D'ORIENT

AU TEMPS DE CICÉRON

Les Grecs d'autrefois, parqués dans leurs cités autonomes, rebelles à l'association et disséminés sur les rivages de la Méditerranée, n'ont jamais pu ni voulu former une nation; mais ils avaient, en guise de patriotisme commun superposé à l'amour de leur cité particulière, un orgueil de race qui les consola aux jours d'infortune et s'imposa même à la morgue romaine. Les Romains, devenus leurs maîtres, restèrent leurs disciples, parfois impertinents à l'égard des *Graeculi* contemporains, mais respectueux envers leur glorieux passé. Non contents de faire reconnaître leur supériorité intellectuelle, représentée à Rome même par des légions de professeurs et d'artistes, les Grecs prétendaient encore comparer à leur avantage les aptitudes militaires des deux races. Ce n'était pas seulement pour avoir battu jadis les Troyens, transformés en ancêtres des Romains, puis les Perses : ils se plaisaient à soutenir que la chance seule, la « Fortune », comme ils disaient, avait préservé l'Italie du danger d'être englobée dans l'empire d'Alexandre. S'il n'avait été arrêté par une mort prématurée, le conquérant, une fois maître de l'Orient, se fût certainement retourné contre l'Occident, et d'un élan irrésistible. Mais la « Fortune » n'avait pas laissé se poser cette question d'Occident, qui eût été tranchée en faveur des Grecs, et elle lui avait substitué une question d'Orient, qui le fut à leur détriment[1].

La question d'Orient, autrement dit l'ensemble des problèmes politiques qui ont été résolus par la conquête du bassin oriental de la Méditerranée, a préoccupé les Romains pendant plus de

---

1. Voy. les trois dissertations de Plutarque *Sur la Fortune des Romains* et *Sur la Fortune d'Alexandre*.

deux siècles. L'Orient commençait pour eux de l'autre côté de l'Adriatique. Au III⁰ siècle avant notre ère, cet Orient était découpé en monarchies hellénistiques fondées par les successeurs d'Alexandre, et le peu qui restait de terre libre en Grèce était sous le protectorat plus ou moins effectif des Antigonides de Macédoine ou des Lagides d'Égypte, — sans compter les Séleucides de Syrie et les Attalides de Pergame, — protectorat tantôt subi comme une nécessité, tantôt recherché comme une défense contre des ambitions plus incommodes. C'est dans l'équilibre instable de l'agrégat hellénique que s'insinua la diplomatie romaine, comme un coin, pénétrant et tenace, destiné à tout disloquer et à préparer l'assise nivelée de la « paix romaine ».

Les historiens modernes ont quelque peu surfait l'habileté du Sénat romain, en supposant qu'il fit naître toutes les occasions dont il sut profiter[1]. Ce qui est certain, c'est qu'elles ne lui manquèrent pas et que l'impéritie de ses adversaires les lui fournit à point. Philippe V de Macédoine, sans s'allier ouvertement avec les Carthaginois durant la seconde guerre punique, fit tout ce qu'il fallait pour que les Romains victorieux fussent en droit de lui demander des comptes. De même, Antiochus III le Grand attendit que Philippe fût battu pour entrer en lice à son tour. En quelques années, le royaume des Séleucides, amputé de ses meilleures provinces au profit du roi de Pergame et des Rhodiens (189 av. J.-C.), ruiné par les contributions de guerre, tomba dans une décadence rapidement progressive; la Macédoine, traitée de la même façon, appauvrie et resserrée après Cynoscéphales (196), brisée en parcelles après Pydna (167), devint province romaine en même temps que la Grèce, vaincue, elle aussi, avec la « Ligue achéenne », à Leucopétra (146).

L'empire romain atteignait dès lors la côte occidentale de la mer Égée. Ce ne fut point par la force des armes qu'il prit pied sur l'autre bord. Ce ne fut pas non plus, ou ce ne fut pas uniquement, par des combinaisons diplomatiques à longue portée. Il se peut que les Romains aient suggéré à Attale III l'idée de leur léguer son royaume de Pergame (133); mais ils n'avaient pu prévoir de loin la mort du roi, enlevé en sept jours par une insolation, à

---

1. Cette illusion tient pour beaucoup à ce que l'histoire de cette époque ne nous est parvenue qu'à l'état d'extraits compilés, à l'usage des diplomates, par Constantin Porphyrogénète (Ἐκλογαὶ περὶ πρεσβειῶν. *Excerpta de legationibus*). Ce canevas supprime les faits, l'histoire vécue, et brouille la perspective.

l'âge de trente-huit ans, et, en tout cas, ils n'auraient pas songé à capter cet héritage si Attale avait laissé un héritier. Ce procédé nouveau, — nouveau en fait et en droit, — fit sensation et suscita des imitateurs. En 96, Ptolémée Apion légua aux Romains la Cyrénaïque, qui avait été constituée en apanage pour ce bâtard par Ptolémée Évergète II. Les jurisconsultes romains, devenus experts en matière de propriété royale, déclarèrent le testament valable quand ils virent que le roi d'Égypte n'osait pas protester. En 74, le roi de Bithynie, Nicomède III, mourant le dernier de sa dynastie, laissa aussi aux Romains son héritage, qu'il ne voulait pas laisser tomber aux mains de Mithridate. Il en résulta une guerre, qui fit disparaître le terrible roi de Pont et fit écrouler, par surcroît, le trône branlant des Séleucides. Les Romains, en 66, étaient maîtres de toute l'Asie Mineure et de la Syrie, conquêtes fastueusement étalées au triomphe du grand Pompée. La frontière de leur empire rencontrait celle de la monarchie égyptienne, et c'est là que se transporte, à la fin de l'ère républicaine, la question d'Orient.

I.

Les premières relations officielles des Romains avec l'Égypte remontaient au temps de Ptolémée II Philadelphe, aux environs de l'an 273 avant notre ère. Le Lagide avait jugé à propos de complimenter les vainqueurs de Pyrrhus et de leur offrir son amitié. Il y eut échange d'ambassades, et le roi, qui aimait à étaler ses richesses, fit aux envoyés du Sénat des cadeaux somptueux. C'était peut-être une imprudence. Les Romains n'oublièrent plus que la vallée du Nil était une corne d'abondance[1] versant l'or à flots dans les caisses royales. Les successeurs de Philadelphe eurent plus d'une fois à décliner les offres de services des Romains. Ils sentaient vaguement peser sur eux la sollicitude trop attentive de leurs amis. Mais le Sénat finit par trouver l'occasion de les obliger de telle façon qu'ils tombèrent du coup sous sa tutelle[2]. En 168, C. Popillius arrêta net le roi de Syrie Antio-

---

1. C'est le symbole que Philadelphe avait choisi pour en faire l'attribut de sa sœur-épouse Arsinoé divinisée.

2. Nous laissons de côté la question litigieuse concernant le titre de *tutor regis* (de Ptolémée V Épiphane ou de Ptolémée VI Philométor) donné à M. Aemilius Lepidus sur une monnaie ancestrale frappée en 54 av. J.-C. par un Lepi-

chus IV Épiphane, qui était déjà aux portes d'Alexandrie, et le renvoya les mains vides en Syrie. Nous voyons bien, à distance, que le Sénat faisait ainsi ses propres affaires; mais les Romains n'en étaient pas moins les « sauveurs » de l'Égypte et de la dynastie. Ils furent de plus, et à intervalles de plus en plus rapprochés, les arbitres des querelles entre compétiteurs au trône, qui, expulsés tantôt par un rival, tantôt par le peuple turbulent d'Alexandrie, allaient porter leurs doléances à Rome, avec des arguments propres à convaincre les politiciens du jour. Nous approchons du moment où le Trésor égyptien va devenir une banque pratiquant l'escompte des promesses et le trafic des consciences.

Ce système d'intrigues onéreuses pour les finances du royaume faillit se détraquer par extinction de la descendance légitime des Lagides. Le dernier représentant de la branche cadette, Ptolémée Alexandre II, fils de Ptolémée Alexandre Ier, envoyé de Rome et intronisé par Sylla en l'an 80, avait été massacré par les Alexandrins au bout de dix-neuf jours, après avoir assassiné lui-même sa cousine et épouse la reine Bérénice, unique rejeton de la branche aînée. La crise prit les Romains au dépourvu. Quand on apprit à Rome les événements d'Alexandrie, le trône vacant était déjà occupé. Les Alexandrins, sachant très bien que l'extinction de la dynastie entraînerait fatalement l'annexion de l'Égypte au domaine de la toute-puissante République, s'étaient hâtés de greffer sur la souche épuisée de nouveaux rejetons. Il est probable que le dictateur Sylla, absorbé par ses réformes constitutionnelles, remit à plus tard le règlement des affaires d'Égypte. L'année suivante, il se dégoûta du pouvoir et alla pratiquer en Campanie la philosophie d'Épicure. Ce fut alors au Sénat à prendre un parti.

Nous verrons par la suite que la thèse de l'annexion eut toujours l'appui du parti démocratique. Le bas peuple avait été mis en goût par l'usage que les Gracques avaient fait ou voulu faire de l'argent du roi Attale III, et les publicains par les beaux revenus qu'ils tiraient de l'ancien royaume de Pergame, devenu la province d'Asie. Et, précisément, le bruit courait que le Ptolé-

dus quelconque. Cf. l'allusion de Cicéron : *nos tutores regibus misimus* (Cic., *Fin.*, V, 22), répétée et précisée par Liv., XLV, 44; Val. Max., VI, 6, 1; Justin., XXX, 2-3; XXXI, 1; Tac., *Ann.*, II, 67. Cf. P. Guiraud, *De Lagidarum cum Romanis societate*. Paris, 1879.

mée défunt avait fait un testament, dicté peut-être par Sylla,
testament par lequel il léguait aux Romains, les uns disaient de
l'argent déposé à Tyr par le roi, d'autres le royaume même. Nous
ne saurons jamais si ce testament, dont on parla pendant vingt
ans sans en produire le texte, était apocryphe ou même inexis-
tant[1]. Le Sénat, lui, devait savoir à quoi s'en tenir. Depuis qu'il
avait été épuré par les proscriptions de Sylla, les démocrates y
étaient en infime minorité, et, au surplus, il se trouvait en présence du fait accompli. Il jugea donc que l'heure n'était pas
venue de prendre possession de l'Égypte, d'un royaume habitué
de temps immémorial au régime monarchique et que l'aristocratie romaine exploitait aussi commodément sous forme de pays
« ami » qu'elle l'eût fait sous forme de province. D'autre part,
l'argent du feu roi n'était pas à dédaigner, et il fut entendu que
Ptolémée Alexandre II avait fait du peuple romain sinon son
héritier, du moins son légataire. En conséquence, le Sénat envoya
prendre livraison de la cassette mise en dépôt à Tyr[2] et s'abstint
provisoirement de toute ingérence à Alexandrie. De leur côté,
comme nous l'avons dit, les Alexandrins avaient pourvu à la
vacance du trône pour mettre les Romains en présence du fait
accompli.

Où trouvèrent-ils un rejeton, et même plusieurs, de la dynastie
qui, après tout, était la garantie unique de l'indépendance offi-

1. *Quod et dicitur a multis et saepe dictum est, regis Alexandri testamento
regnum illud populi romani esse factum* (Cic., *Leg. agr.*, I, 1). Il y a là une
foule de questions controversées sur lesquelles Eckhel, Clinton, Drumann,
Cless, Mommsen, Guiraud, Stuart Poole, etc., ont exercé leur perspicacité. On
a soutenu (Drumann) que l'auteur du testament était Ptolémée Alexandre Ier,
mort en 88 a. Chr. Pour expliquer comment Alexandre II, qui ne régna peut-
être que trois semaines, put faire un testament royal, on a supposé (Eckhel)
qu'il fut non pas massacré, comme le dit Cicéron (*De rege Alexandr.*), mais
expulsé d'Alexandrie (d'après Trog., *Prol.*, XXXIX), et se réfugia comme roi
détrôné à Tyr. On a imaginé aussi, pour justifier l'expression *super* employée
par Cicéron en 56 (*pecunia seposita jam super ab Alexa rege*. Cic., *Fragm. de
rege Alexandr.*), un Alexandre III, surnommé familièrement Alexas, qui aurait
régné jusque vers 65, soit comme régent, soit comme compétiteur de Ptolémée
Aulète, ou sur une partie de l'Égypte. Sans entrer ici dans le détail de ce
sujet épineux, on peut écarter d'emblée le prétendu Alexandre III et penser,
avec P. Guiraud, qu'Alexandre II a pu signer à Rome, avant d'être roi, un
engagement que les juristes savaient bien être nul en droit, s'il s'agissait d'autre
chose que d'une promesse d'argent. Ce serait là le fameux testament, qu'on
avait mainte raison de ne pas montrer.

2. Cic., *Leg. agr.*, II, 16. *De rege Alexandrino.*

cielle du pays? Le surnom de *Nothus*, qui est resté attaché,
comme un appendice importun, à la titulature protocolaire du
nouveau roi, Ptolémée Philopator-Philadelphe-Néos-Dionysos,
indique qu'ils prirent cette greffe dans la descendance illégitime
de leurs rois, tous plus ou moins polygames; et nous savons, par
témoignages exprès, que le « bâtard » intronisé en 80 était fils de
Ptolémée Soter II Lathyre[1]. Son père, sur un règne de trente-
cinq ans, en avait passé au moins dix exilé en Syrie ou roi
contesté de Cypre. Sa mère et son frère cadet, Ptolémée
Alexandre Ier, lui avaient fait ces loisirs. Violenté jusque dans
sa vie privée par sa mère, qui lui avait imposé et enlevé tour à
tour deux épouses-sœurs, Ptolémée Lathyre avait sans doute
renoncé aux mariages à la mode royale et s'était consolé avec
des concubines. C'est de quelque union de ce genre, et probablement en Syrie[2], qu'étaient nés le « bâtard » (vers 95) et son frère
cadet, le futur roi de Cypre. Ptolémée Lathyre, réinstallé sur
son trône, laissa son héritage à son « unique fille légitime[3] »
Bérénice, qui avait déjà régné comme femme d'Alexandre Ier.
Mais la coutume voulait qu'il n'y eût pas de reine sans roi.
Sylla s'était mis en tête de fusionner les deux branches rivales en
faisant épouser cette femme déjà mûre par son jeune protégé
Alexandre II. Celui-ci n'avait pu supporter d'être le mari de
la femme de son père; il avait assassiné Bérénice et avait été
massacré lui-même par les Alexandrins. C'est ainsi que la postérité illégitime de Ptolémée Lathyre fut appelée à succéder. Pour
éviter des conflits, particulièrement dangereux en l'occurrence,
il y eut un accommodement à l'amiable. Des deux Ptolémées disponibles, l'aîné fut roi d'Égypte et l'autre roi de Cypre.

Nous ignorons comment on compléta le couple de sang royal
exigé par la religion monarchique. Appien croit savoir que
Mithridate avait fiancé deux de ses filles, Mithridatis et Nysa,
aux rois d'Égypte et de Cypre; et nous sommes en droit de pla-

---

1. *Ut p... Lathyrum filius Alexandri regnavit expulsoque eo suffectus sit
Ptolemaeus Nothus* (Trog., *Prol.*, XXIX). — *Ut Alexandreae post interitum
Ptolemaei Lathyri substituti sint ejus filii : alteri data Cypros, etc.* (XL).

2. Conjecture fondée sur une phrase mutilée de Cicéron : *Quum ille rex*
(Alexandre II?) *sit interfectus, hunc* (le roi actuel, en 56) *puerum in Syria
fuisse* (Cic., *De rege Alexandrino*). *Puerum* indique un âge de quinze ans au
plus, d'où la date de 95 au plus tôt pour la naissance (cf. M. L. Strack, *Die
Dynastie der Ptolemäer*, [Berlin, 1897,] p. 209).

3. (Σωτῆρα) καὶ Βερενίκην, ἣ μόνη γνησία οἱ τῶν παίδων ἦν (Paus., I, 9, 3).

cer ces propositions au temps où nous sommes, alors qu'il se préparait à reprendre la lutte contre Rome et se cherchait des alliés[1]. Mais, d'autre part, un papyrus démotique nous apprend qu'en la troisième année de son règne (mai 78), le roi d'Égypte avait déjà une épouse-sœur, Cléopâtre surnommée Tryphæna, laquelle formait avec lui le couple des « dieux Philopators-Philadelphes[2] ». On avait dû prendre, dans la lignée des Lagides de naissance irrégulière, quelque « sœur » plus ou moins authentique pour jouer le rôle d'épouse de sang divin. Le roi fut couronné à Memphis, en mars 76, à l'équinoxe de printemps, par le grand prêtre Paserenptah, qui a relaté le fait, glorieux pour lui, dans son épitaphe[3]. Toute satisfaction était donnée aux coutumes nationales, et ce n'est pas en Égypte que l'on contesta jamais les droits du « bâtard ».

Mais ces droits, tantôt en raison de cette origine irrégulière, tantôt en conséquence du « testament » d'Alexandre II, tantôt pour cause d'indignité reprochée au monarque libertin, ivrogne et oublieux de sa dignité jusqu'à jouer de la flûte (Aὐλητής), ces droits, dis-je, étaient perpétuellement remis en question à Rome. Le Sénat avait laissé faire, mais n'avait rien approuvé officiellement. Il pouvait toujours se saisir ou être saisi de la « question » à laquelle étaient suspendus tant d'intérêts divers. Ptolémée Aulète a passé sa vie à plaider devant le Sénat, à acheter avocats et juges ; usant de la corruption pour prévenir de nouvelles chicanes, de la violence pour écarter des témoignages déplaisants ; toujours inquiet, toujours obéré, pressurant son peuple pour satisfaire ses insatiables protecteurs et multipliant ses exactions pour lutter contre l'impopularité que lui valaient ses exactions mêmes ; tout cela, sans venir à bout de convertir en propriété

1. Letronne pense que ἔτι κόραι (au sens de « toutes jeunes ») se rapporte au moment de leur mort, en 63, lorsque Mithridate leur versa le poison, et qu'il s'agissait d'un second mariage pour Ptolémée déjà veuf. Th. Reinach (*Mithridate Eupator*, pp. 298, ?...) met ces fiançailles au début du règne des deux frères. Ce n'était pas la première fois que Mithridate avait songé à faire entrer l'Égypte dans ses combinaisons. Il avait pris à Cos et élevé chez lui Alexandre II, qui s'échappa de ses mains pour se confier à Sylla.

2. Pap. dem. Leid. 374, in *Rev. Egyptol.*, II, p. 91, 2.

3. Brugsch, *Dict. géogr.*, p. 654. Cf. Strack, p. 164 et 208. Il y est dit que le roi « entra dans le temple de Qe avec ses grands, ses femmes et avec ses enfants ». Mahaffy (*History of Egypt*, p. 225, 2) tire de cette phrase, qui peut être une formule banale, la conclusion assez singulière que Ptolémée n'avait pas encore d'épouse légitime.

reconnue et garantie la souveraineté qu'on voulait bien lui laisser à titre de possession précaire. Ce fut là, au dernier siècle
avant notre ère, la question d'Orient ou d'Égypte, question qui
ne fut tranchée que vingt ans après la mort de Ptolémée Aulète
et aux dépens de sa fille Cléopâtre Philopator.

Ce procès, sans cesse pendant, commença en 75 par les revendi-
cations de Cléopâtre-Séléné, fille de Ptolémée Évergète II, suc-
cessivement mariée à son frère Ptolémée Lathyre, puis à trois
Séleucides. De tous ces mariages, faits et défaits par la politique,
il restait à Séléné deux enfants mâles, fils probablement d'Antiochus X[1]. La Syrie s'étant donnée à Tigrane en 83, par lassi-
tude des guerres civiles, ces jeunes prétendants, dont l'aîné
n'avait pas vingt ans, se trouvaient dans une situation humi-
liante et sans autre recours qu'à la providence romaine. Quand
Séléné vit que les Romains ne se décidaient pas à prendre possession de l'Égypte et que, d'autre part, Tigrane, gendre de Mithridate, avait chance de devenir à leurs yeux suspect ou ennemi,
elle s'enhardit à réclamer pour ses fils la Syrie et l'Égypte, l'héritage de deux dynasties dont l'une au moins, celle des Lagides,
n'avait plus d'autre représentant légitime qu'elle-même. Elle
envoya donc à Rome ses deux fils. Elle s'était procuré assez d'argent pour que les jeunes princes pussent faire figure dans la
grande ville, offrir des présents aux dieux et sans doute faire aux
hommes quelques menus cadeaux.

Le Sénat fut fort embarrassé de cette visite. Il ne lui en coû-
tait aucunement de reconnaître les droits des Séleucides sur le
royaume de Syrie, à charge pour eux de les faire valoir d'une
manière efficace. La question ne fut même pas posée, sous prétexte qu'il n'y avait pas lieu à discussion sur ce point; on évita
ainsi une séance dont Tigrane aurait pu entendre parler trop
tôt, en un moment où Sertorius tenait deux armées en échec et
où Mithridate épiait l'occasion de recommencer la guerre. Quant
à l'Égypte, elle était aux mains d'un client docile, et le Sénat ne
se souciait pas de préparer, par quelque vote inconsidéré, la réu-
nion de l'Égypte et de la Syrie sous le sceptre d'une même

1. Il se peut que la reine Bérénice, assassinée en 80, fût une fille de cette
Séléné, mariée, de 115 à 108 environ, avec Lathyre. P. Guiraud pense que
les prétendants étaient fils d'Antiochus VIII Grypos, mort en 96. Ils auraient
eu alors plus de vingt ans, et on les dit très jeunes (*Antiochi filios pueros.*
Cic., *In Verr.*, IV, 27).

famille. L'audience qu'attendaient les prétendants fut indéfiniment ajournée, si bien qu'au bout de près de deux ans, comprenant qu'ils n'obtiendraient rien des Romains occupés par trois guerres à soutenir en même temps contre Sertorius, contre Mithridate, contre Spartacus, ils prirent le parti de retourner chez eux. Nous ne saurions même rien de cet incident si l'un des deux, Antiochus[1], n'avait eu la malencontreuse idée de passer au retour par la Sicile, où il fut indignement volé par le préteur C. Verrès. Mais, pour Ptolémée Aulète, la démarche des jeunes Séleucides dut être une sérieuse alerte. Ces rivaux n'étaient pas bien redoutables par eux-mêmes, mais leurs instances pouvaient amener le Sénat à supprimer l'objet du litige en réunissant l'Égypte aux possessions romaines. Précisément, comme pour montrer que les réflexions des hommes d'État s'engageaient dans cette voie, les Romains se décidaient en 74 à organiser la Cyrénaïque en province romaine. Si, après avoir tergiversé durant vingt-deux ans, ils prenaient le parti de faire valoir le testament d'Apion, n'était-ce pas parce qu'ils se préparaient à appliquer aussi celui d'Alexandre II? Comme par une sorte de fatalité, il ne fut question que de testaments royaux en cette année 74. C'est à ce moment que Nicomède III légua la Bithynie aux Romains. Puisque, pour agrandir les possessions que leur avait jadis laissées Attale III de Pergame, les Romains n'hésitaient pas à braver le dépit de Mithridate, pourquoi eussent-ils résisté à la tentation de joindre à la Cyrénaïque le magnifique héritage dont ils prétendaient avoir le droit strict de disposer? Ces réflexions, nul doute que Ptolémée les ait faites, et il est à présumer que ses alarmes se traduisirent par des libéralités bien placées. Il apprit dès lors ce qu'il sut mieux par la suite, le prix des consciences romaines.

Sept ou huit ans plus tard (65), nouvelle et non moins vive inquiétude. L'Égypte était décidément trop riche pour que la République romaine, qui dépensait des sommes énormes pour abattre Mithridate et pour faire la police de l'Archipel, — autant de services rendus aux peuples d'Orient, — s'abstînt d'exiger la moindre contribution des riverains du Nil. Si elle respectait leur autonomie, par discrétion pure, au moins pouvait-elle mettre un

1. Plus tard fait roi de Syrie (Antiochus XIII) par Lucullus en 69, détrôné par Pompée en 65. On ne connaît de ses titres que le sobriquet d' « Asiatique ».

certain prix à ses faveurs. Le censeur, M. Licinius Crassus, au moment de dresser l'état des finances, demanda que la République se procurât un supplément de recettes en imposant un tribut à l'Égypte[1]. Comme un pays ne pouvait être à la fois allié et tributaire, Crassus demandait purement et simplement la réduction de l'Égypte en province romaine. On vit bientôt qu'il s'agissait d'un plan concerté entre lui et l'édile Jules César, qui menait déjà le parti démocratique, se ruinait pour entretenir sa popularité et gagnait par surcroît, à s'endetter, l'appui de ses créanciers, intéressés dès lors à sa fortune politique. Une partie des tribuns de la plèbe, stylés par César[2], rédigèrent un projet de loi en vertu duquel César serait délégué, avec des pouvoirs extraordinaires, pour organiser la province d'Égypte. Le motif mis en avant par Suétone, à savoir que les Alexandrins avaient alors expulsé leur roi, « ami et allié du peuple romain, » doit être inexact. C'est un argument précieux pour ceux qui soutiennent l'existence d'un Alexandre III, rival d'Aulète; mais il est plus simple d'admettre une erreur de mémoire chez Suétone. Les rois alexandrins ont été tant de fois expulsés que l'historien a pu aisément commettre une erreur de ce genre. Mais cette inexactitude n'est pas de nature à infirmer le témoignage précis qu'elle accompagne. Il s'agissait bien de mettre l'Égypte à la disposition du peuple romain et, provisoirement, à la discrétion de César.

La proposition de Crassus et le projet de loi des tribuns soulevèrent à Rome une agitation violente. On voyait où voulaient en venir les meneurs du parti démocratique : séduire le peuple par l'appât d'une riche proie, qui doublerait les rentrées du Trésor et permettrait d'élargir les distributions de blé à prix réduit[3]; puis, à la faveur de cet engouement, se faire conférer, en qualité d'hommes de confiance du peuple, le droit de manipuler toutes les richesses de la nouvelle province, avec des pouvoirs inconstitutionnels, d'où ils tireraient honneur et profit. Le parti des optimates se serra autour du collègue de Crassus, Q. Lutatius Catulus, un conservateur opiniâtre, qui mena la résistance. Le conflit entre les deux censeurs fut si aigu que, tenus en échec l'un par l'autre, ils furent obligés d'abdiquer sans avoir pu remplir

---

1. Αἴγυπτον ποιεῖν ὑποτελῆ Ῥωμαίοις (Plut., *Crass.*, 13).
2. Suet., *Caes.*, 11.
3. Elles avaient été rétablies, après Sylla, par la loi *Terentia Cassia* (73).

aucun des devoirs de leur charge. Les tribuns de la plèbe furent paralysés de la même façon, par l'intercession de leurs collègues. Cependant, les promoteurs de cette tentative avaient été bien près de réussir, et ils escomptaient déjà leur succès. Déjà, si l'on prend à la lettre certaines expressions, peut-être métaphoriques, de Cicéron, leurs affidés et agents d'affaires partaient pour l'Égypte afin d'être les premiers à la curée[1].

L'orage se dissipa ainsi; mais Ptolémée sentait bien qu'il n'était pas hors de danger. Les démocrates l'avaient traité à leur aise de bâtard et d'intrus, et ceux qui l'avaient défendu n'avaient invoqué que l'intérêt de Rome. Cinq ans auparavant, Cicéron, déclarant Verrès indigne de rentrer au Sénat, où il trafiquerait de sa voix, s'écriait ironiquement : « Mais, après tout, qu'il vienne! Qu'il décide la guerre contre les Crétois, qu'il fasse Byzance libre, qu'il accorde à Ptolémée le titre de roi...[2] ». Ainsi, en 70, onze ans après la mort de son prédécesseur, Ptolémée n'avait pas encore été reconnu officiellement comme roi par la République romaine; c'était une question pendante, et Cicéron insinue qu'il faudrait des gens de la trempe de Verrès pour la trancher dans un sens favorable au prétendant. Depuis lors, les faits le montrent assez, aucune solution n'était intervenue. Ptolémée pouvait être à chaque instant traité comme un bâtard incapable de succéder et, de plus, formellement déshérité par le testament du roi Alexandre II. On devine par quelles angoisses il dut passer quand il vit un homme aussi considérable que Crassus s'allier contre lui avec le principal meneur du parti démocratique.

Par la force des choses, Ptolémée, protégé des optimates, devait être une victime désignée aux coups de la faction adverse. Deux ans après la tentative dont il vient d'être question, César essayait de prendre sa revanche en déguisant mieux ses manœuvres. À son instigation, le tribun P. Servilius Rullus et quelques-uns de ses collègues présentèrent, en entrant en charge, au mois de décembre 64, une loi agraire qui ordonnait l'aliéna-

---

1. En 63, Cicéron s'écrie : *Quod si Alexandria petebatur* (actuellement, par la loi de Rullus), *cur non eosdem cursus hoc tempore quos L. Cotta L. Torquato consulibus* (65 s. Chr.) *cucurrerunt? Cur non aperte, ut antea? Cur non item, ut quum decreto et palam regionem illam petierunt?* (Cic., *Leg. agr.*, II, 17).

2. Cic., *In Verr.*, II, 36.

tion de tous les domaines de l'État situés en dehors de l'Italie et acquis depuis le consulat de Sylla et de Pompée (88 av. J.-C.). La commission de décemvirs instituée par cette loi et élue au suffrage restreint devait avoir, cinq années durant, tout pouvoir de revendiquer et de reprendre sur les particuliers les propriétés domaniales, de les vendre, d'affermer les parties invendues, de remployer l'argent en achats de terres propres à la colonisation et de diriger la répartition des lots entre les colons. En un mot, les commissaires de la République seraient investis d'une autorité et d'une juridiction discrétionnaires, qu'ils promèneraient avec eux dans tout le monde circum-méditerranéen. Il va sans dire que César comptait bien être élu membre de la commission et qu'il lui serait alors facile de faire déclarer l'Égypte entière propriété domaniale de l'État romain[1].

Ce sous-entendu n'échappa point à la perspicacité de Cicéron, qui mit son prestige de consul et son éloquence au service de la cause des conservateurs. C'est même le premier argument qu'il jette dans la discussion en séance du Sénat. « Ce qu'on demandait ouvertement naguère, » dit-il[2], « on cherche maintenant à l'enlever sous main par la sape. En effet, les décemvirs diront ce qu'on a dit souvent et ce que beaucoup de gens répètent, à savoir que, à partir de ces mêmes consuls[3], de par le testament du roi Alexandre, le royaume d'Égypte est devenu propriété du peuple romain. Vous livrerez donc Alexandrie, maintenant qu'ils cachent leur convoitise, à ces mêmes hommes à qui vous avez résisté quand ils luttaient à découvert ! » Et, quelques jours après, s'adressant au peuple, Cicéron lui fait voir qu'on lui demande, au fond, le droit de disposer de royaumes entiers, comme, par exemple, celui de Bithynie. « Que dirai-je, » poursuit-il, « d'Alexandrie et de l'Égypte entière? Comme elle est bien cachée là-dessous! Comme

---

1. Même annexée, l'Égypte fut toujours considérée comme telle. Elle appartenait au domaine impérial et n'était pas gouvernée à la façon d'une province, mais administrée par un préfet représentant l'empereur.

2. Cic., *Leg. agr.*, I, 1.

3. Cicéron avait évidemment nommé ces consuls dans le début, aujourd'hui perdu, de son discours. C'est à cause de cette lacune que se perpétuent les discussions sur la date du testament et l'identité du testateur. Drumann tenait pour Alexandre Ier et la date de 88, parce que Rullus ordonnait l'aliénation de tout ce qui avait été acquis hors d'Italie depuis 88 (Cic., *Leg. agr.*, II, 15). Cela ne prouve nullement qu'il fallût remonter jusque-là pour atteindre l'Égypte.

elle y est dissimulée! Comme, à la dérobée, on la livre tout
entière aux décemvirs! Qui de vous ne sait qu'au dire de certains
ce royaume est devenu, par le fait du testament d'Alexandre,
propriété du peuple romain? Ici, moi, consul du peuple romain,
non seulement je n'ai pas de jugement à émettre, mais je ne
manifeste même pas ce que je pense; car c'est une question qui
me paraît grave non seulement à décider, mais même à exposer.
J'en vois qui affirment que le testament a bien été fait; je sais
qu'il existe un acte du Sénat constituant adition d'hérédité du
temps où, après la mort d'Alexandre, nous envoyâmes à Tyr des
légats chargés de recouvrer l'argent mis par lui en dépôt. Je me
souviens que L. Philippus a souvent insisté là-dessus dans le
Sénat; je vois que tout le monde est à peu près unanime à con-
venir que celui qui occupe en ce moment le trône n'est ni de sang
ni de caractère royal. On dit, du côté opposé, qu'il n'y a pas de
testament; qu'il ne faut pas que le peuple romain se donne l'air
de convoiter tous les royaumes; que nos concitoyens émigreront
dans ces régions, à cause de la fertilité du sol et de l'abondance
de toutes choses[1]. Et c'est une affaire de cette importance que
P. Rullus, assisté des autres décemvirs ses collègues, tranchera
juridiquement et dans le bon sens! Une solution, dans un sens ou
dans l'autre, est de telle conséquence qu'on ne peut absolument
pas admettre et supporter ici d'arbitraire. Il voudra être populaire? Alors il adjugera l'objet du litige au peuple romain. Par
conséquent, l'auteur de la loi, d'après sa loi même, vendra Alexandrie, vendra l'Égypte; il se trouvera être le juge, l'arbitre, le
maître d'une ville des plus populeuses, de terrains magnifiques,
le roi enfin d'un royaume opulent entre tous. Admettons qu'il ne
s'attribue pas un si gros morceau, qu'il n'en ait pas envie. En ce
cas, il décidera qu'Alexandrie appartient au roi; du coup, il
l'enlèvera au peuple romain. — Ensuite, qui plaidera la cause du
peuple romain? Où aura lieu ce débat? Quels sont ces décemvirs
de qui nous serons assez sûrs pour garantir que, s'ils adjugent le
royaume d'Alexandrie à Ptolémée, ils le feront gratis? Si Alexan-

1. Il est curieux de constater que, une fois maîtres de l'Orient, les Romains
ont été hantés par la crainte d'y voir transporter le siège de leur empire. On
exploita cette crainte contre César, contre Antoine, et Horace (Od., III, 3, 57
et suiv.) juge encore à propos de mettre dans la bouche de Junon la défense de
rebâtir Troie. Il semble que Rome pressentait Constantinople. Elle avait
redouté jadis pour la même raison et détruit Capoue d'abord, Corinthe ensuite.

drie les attire tant, pourquoi ne recommencent-ils pas en ce moment les courses qu'ils ont faites sous le consulat de L. Cotta et L. Torquatus? Pourquoi pas à visage découvert, comme auparavant? Pourquoi pas de la même façon que quand ils sont allés dans ce pays tout droit et au su de tous? Se sont-ils imaginé que, n'ayant pu mettre la main sur le royaume quand les vents d'été les y menaient en ligne droite, ils vont maintenant arriver à Alexandrie par la nuit noire et à la faveur du brouillard? »

Ces passages des discours de Cicéron contre la loi agraire de Rullus nous renseignent à merveille sur l'état de l'opinion à Rome relativement à la question d'Égypte. Personne n'admettait que le peuple romain renonçât formellement à ses droits et reconnût à Ptolémée la qualité de roi légitime, exerçant la souveraineté dans sa plénitude. Seulement, les uns voulaient que l'équivoque fût dissipée et que la situation aboutît enfin à son dénouement naturel; les autres estimaient qu'il valait mieux reculer l'échéance et que, en attendant, Ptolémée tiendrait très utilement la place d'un gouverneur romain.

Il y avait cependant, dans les calculs du parti conservateur, une part laissée à l'imprévu. On n'avait pas tenu compte d'un élément perturbateur dont on connaissait cependant l'énergie. Les Romains, qui croyaient être seuls à décider de la destinée du roi d'Égypte, oubliaient un peu trop que leur client avait à compter aussi avec l'opinion du peuple alexandrin, d'une cité orgueilleuse et humiliée d'obéir à un esclave des Romains. Les Alexandrins s'indignaient que leur sort fût à la merci d'un vote du Sénat ou du peuple romain, et leur dépit retombait sur le lâche souverain qui ne savait répondre aux insolences que par des prières ou des cadeaux. Au lieu de chercher un point d'appui dans cet instinct de résistance aux empiétements de l'étranger, Ptolémée n'imagina rien de mieux que de réclamer l'assistance de ses patrons contre ses sujets eux-mêmes. Au cours de l'année 63, les discours prononcés pour et contre la loi de Rullus avaient dû réveiller et entretenir la mauvaise humeur des Alexandrins. Ils voyaient leur roi, vilipendé à Rome, redoubler d'attention pour ses dédaigneux protecteurs et gaspiller l'argent du Trésor à entretenir un corps de 8,000 cavaliers qui aidaient Pompée à soumettre la Palestine[1]. Aux yeux de tous, Grecs,

---

1. Plin., XXXIII, § 136.

Égyptiens et Juifs, c'était une véritable trahison. Si l'Égypte collaborait au démembrement définitif de la monarchie séleucide, ce devait être au moins pour en prendre sa part, et Ptolémée travaillait à rendre romaine cette Cœlé-Syrie que même les plus indolents de ses ancêtres avaient toujours revendiquée pour l'Égypte! Une humeur séditieuse agitait la grande ville. Ptolémée, pris de peur, réclama l'assistance de Pompée. Il lui envoya de riches présents, de l'argent, des fournitures d'habillement pour toute l'armée et l'invita à venir mettre les Alexandrins à la raison[1]. Pour des motifs qu'Appien se réservait d'exposer plus longuement dans un chapitre aujourd'hui perdu de son *Histoire*, Pompée accepta les présents, mais déclina l'invitation de Ptolémée. Il savait que les choses d'Égypte étaient délicates à manier, qu'aucun parti ne lui saurait gré de s'en mêler, et c'était, du reste, un rôle peu glorieux pour le vainqueur de Mithridate que d'aller faire la police à Alexandrie pour le compte d'un personnage aussi méprisé. Cependant, il est à croire que Ptolémée atteignit quand même son but, et que la seule crainte d'une intervention romaine suffit pour le moment à calmer les Alexandrins. Leur haine pour Ptolémée s'en accrut; mais ils firent réflexion qu'ils n'avaient plus à choisir qu'entre le gouvernement du Lagide et la domination romaine. Diodore de Sicile, qui fit un voyage en Égypte vers cette époque, constate que les habitants recevaient avec le plus grand empressement les voyageurs venant d'Italie, « de crainte de s'attirer la guerre ». C'était une consigne que les fanatiques oubliaient parfois. Diodore vit massacrer par la populace un Romain qui avait tué un chat, « bien que son acte eût été involontaire et que le roi eût envoyé des magistrats pour le sauver »[2].

Ptolémée, lui, avait les yeux constamment fixés sur Rome; il y avait ses agents secrets, qui le tenaient au courant des opérations engagées sur le grand marché des votes et des influences. Il voyait avec inquiétude l'essor du parti démocratique, dont il connaissait l'opinion à son égard. Les élections consulaires de l'an 60 durent lui causer une véritable terreur. Le premier élu du collège consulaire pour l'année 59 était ce même César qui, par deux fois déjà, avait tenté de lui arracher l'Égypte. Cette fois, — symptôme menaçant entre tous, — César était soutenu non seu-

____
1. Appian., *Mithrid.*, 114.
2. Diodor., I, 83.

lement par Crassus, mais même par Pompée, qui, se jugeant mal récompensé de ses services, voulait en appeler du Sénat au peuple. Ptolémée se hâta de parer au danger. S'il avait eu affaire à des patriotes, obstinés dans une conception étroite de l'intérêt de la République, il était perdu ; mais il avait devant lui des ambitieux sans scrupules, qui avaient besoin d'argent pour entretenir l'enthousiasme famélique de leurs électeurs. César posa lui-même, en son nom et au nom de Pompée, les conditions du marché. Il en coûta à Ptolémée la somme de 6,000 talents, probablement des talents d'argent[1], — ce que Suétone oublie de nous dire, — c'est-à-dire environ trente-six millions de francs. Mais, à ce prix, il allait enfin obtenir ce qu'il réclamait en vain depuis plus de vingt ans. César s'engageait à le faire reconnaître officiellement comme roi d'Égypte et allié du peuple romain, non plus seulement par un sénatus-consulte toujours révocable, mais par une loi spéciale suivie d'un traité en bonne forme. César tint parole. Sans le moindre souci de son attitude antérieure, il proposa en même temps une loi agraire, où il n'était question ni directement ni indirectement des droits de Rome sur l'Égypte, et une loi *de rege Alexandrino* qui, en raison des services rendus par Ptolémée à l'armée d'Asie, lui conférait, avec le titre de roi, celui « d'allié et ami du peuple romain » (février 59). Il y eut, surtout à propos de la loi agraire, des débats orageux, qui inspirèrent soudain à Cicéron un goût très vif pour la campagne, les livres, la géographie et les projets de voyage à l'étranger[2]. Les conservateurs eurent beau s'agiter, employer les artifices les moins avouables de la procédure parlementaire, recourir à l'obnonciation perpétuelle ; les démocrates ripostèrent aux chicanes par des violences, et les lois juliennes furent votées. Comme le disait Pompée, avec sa façon équivoque d'approuver à demi : il fallait en finir une bonne fois avec la question du roi d'Alexandrie[3]. En exécution de la loi, un traité d'alliance fut rédigé avec les formalités accoutumées et déposé aux archives du Capitole[4].

1. Suet., *Caes.*, 54. Le talent dit « égyptien » est d'ordinaire le talent d'argent, valant 60 talents de cuivre (Hultsch, *Metrol.*, § 54, 3). Dans les conversions en monnaies actuelles, on ne considère, bien entendu, que le poids du métal, non sa valeur réelle ou puissance d'achat, variable aux diverses époques.

2. Voy. Cic., *Ad Att.*, II, 5-16.

3. *De rege Alexandrino placuisse sibi aliquando confici* (Cic., *Ad Att.*, II, 16).

4. Au cours du procès de C. Rabirius Postumus (voy. ci-après), Cicéron dit

II.

Enfin, Ptolémée était roi, et il allait pouvoir jouir, pensait-il, de la sécurité qu'il avait si chèrement achetée. Que lui importaient maintenant les murmures du peuple pressuré par ses ordonnances fiscales! Bon gré mal gré, le peuple paierait, et le Trésor royal, obéré par les créances romaines, se remplirait de nouveau. L'année suivante, en 58, il poussa la complaisance envers ses amis de Rome jusqu'à la trahison à l'égard de son pays et de sa dynastie. Le fameux P. Clodius était alors tribun de la plèbe. Dès son entrée en charge, en décembre 59, il avait affiché toute une série de projets de loi démagogiques auxquels César doit avoir collaboré. Une de ces lois clodiennes décidait que l'île de Cypre, gouvernée par l'autre Ptolémée, frère du roi d'Égypte[1], serait convertie en province romaine et les biens de la couronne confisqués au profit du Trésor de la République[2]. Cette loi était en son genre un chef-d'œuvre. Du même coup, Clodius indemnisait en quelque sorte le Trésor pour le sacrifice qu'il avait fait de ses droits sur les biens de la couronne d'Égypte et donnait ainsi satisfaction au parti démocratique; il trouvait de l'argent pour assurer le fonctionnement de sa loi frumentaire[3]; il comptait éloigner de Rome l'incommode Caton, en l'envoyant à Cypre malgré lui faire le métier de recors, et, enfin, il vengeait ses propres injures. Depuis bientôt dix ans, en effet, il nourrissait une vieille rancune contre le roi de Cypre, qui, en 67, n'avait pas voulu lui avancer la somme nécessaire pour le tirer des mains des pirates. Ptolémée avait offert deux talents, dont les pirates ne s'étaient pas contentés, et ceux-ci n'avaient relâché Clodius qu'à l'approche de Pompée[4]. Maintenant, ce Ptolémée

que son client avait prêté de l'argent non à un roi ennemi de Rome, *sed ei quicum foedus feriri in Capitolio viderat* (Cic., *Pro Rabir. Post.*, 3). César, en 47, estime qu'il lui appartient de régler les affaires d'Égypte, *quod superiore consulatu cum patre Ptolemaeo et lege et senatusconsulto societas erat facta* (Caes., *B. Civ.*, III, 108).

1. On ne lui connaît pas de surnom royal.

2. Liv., *Epit.*, CIV; Dio Cass., XXXVIII, 30.

3. Jusque-là, les lois frumentaires avaient baissé le prix du blé; la loi Clodia le distribuait gratis, *ut remissis semissibus et trientibus* (5/6 d'as par boisseau) *quinta prope pars vectigalium tolleretur* (Cic., *Pro Sest.*, 25).

4. Appian., *Bell. civil.*, II, 23. Strab., XIV, p. 684. Cf. Lacour-Gayet, *De P. Clodio Pulchro*. Paris, 1888.

2

allait apprendre ce qu'il en coûte de ne savoir pas être généreux à propos, surtout quand on a la réputation d'être riche.

Clodius n'était pas embarrassé de trouver des prétextes pour cacher ses véritables raisons. Il accusa Ptolémée d'être un ingrat, un ennemi déguisé des Romains, et de s'entendre avec les pirates[1]. Quant au droit qu'avaient les Romains de l'exproprier, il reposait toujours, en dernière analyse, sur le testament du roi Alexandre, qui, annulé pour l'Égypte, restait valable pour Cypre. En effet, par une incurie qui montre bien et l'égoïsme de Ptolémée Aulète et l'indolence imprévoyante de son frère, il n'avait été nullement question de Cypre dans l'alliance conclue l'année précédente avec Ptolémée Aulète[2]. Rome n'avait traité qu'avec le « roi d'Alexandrie » ; celui-ci ne paraît pas s'être autrement préoccupé de son frère, qui, probablement, crut avoir part à la garantie accordée à Ptolémée Aulète et s'applaudit d'avoir le bénéfice de cette transaction diplomatique sans en supporter les frais.

Il semble qu'au moins Ptolémée Aulète aurait dû chercher par tous les moyens à réparer cet oubli et tâcher de conserver à l'Égypte, à la dynastie des Lagides, une possession qui, depuis le temps de Ptolémée Ier, était partie intégrante de la monarchie[3]. Tel était, à n'en pas douter, le sentiment du peuple alexandrin, qui vit avec dépit son roi se désintéresser de l'affaire de Cypre. Ptolémée n'eut garde de compromettre, par quelque récrimination intempestive, le repos que lui assurait son traité. Peut-être aussi n'eut-il pas le temps d'organiser un plan de défense et de se concerter avec son frère. Il y a loin de Rome à Alexandrie, surtout en hiver, et le projet de loi de Clodius, présenté en décembre, fut voté très probablement au mois de mars suivant. Quoi qu'il en soit, Ptolémée s'abstint de faire valoir, en faveur de son frère, des raisons que, à Rome même, les conservateurs eussent volontiers appuyées. C'est dans la bouche de Cicéron, plaidant deux ans plus tard pour P. Sestius, que se

1. Strab., *loc. cit.* Cf. les accusations vagues et odieuses de Velleius Paterculus contre Ptolémée, *omnibus morum vitiis cum contumeliam meritum* (II, 45), finissant par une mort *quam ille conscientia acciverat* (II, 38).

2. Aulète pouvait croire, et en tout cas soutenir plus tard cette thèse juridique, que Cypre était un apanage et restait partie intégrante de la monarchie. Mais il savait, d'autre part, que les Romains avaient résolu en sens contraire la question identique — au testament près — posée pour Cyrène en 91.

3. La conquête définitive de Cypre par Ptolémée Ier Soter date de 295 a. Chr.

retrouvent les considérations dont il eût fallu jeter au moment
opportun le poids dans la balance. Après avoir fait remarquer
que le peuple romain a toujours laissé ou même rendu la couronne
aux rois qui l'avaient combattu, à Antiochus le Grand, à Tigrane,
à Mithridate lui-même, l'orateur s'écrie : « Et ce malheureux roi
de Cypre, qui a toujours été pour nous un allié, un ami, sur le
compte duquel ni le Sénat ni nos généraux n'avaient jamais rien
ouï dire de suspect, on l'a confisqué, comme on dit, tout vif, et il
s'est vu enlever jusqu'au vivre et au couvert[1] ». Cicéron exagère
un peu en faisant du roi de Cypre un « allié » du peuple romain ;
mais c'est la thèse que les Lagides devaient soutenir, en invo-
quant au besoin leur solidarité avec des ancêtres qui, depuis le
temps de Philadelphe, avaient toujours été ou amis discrets ou
protégés reconnaissants des Romains. Il ne paraît pas, répé-
tons-le, qu'aucune remontrance soit venue d'Alexandrie. Ptolémée Aulète ne vit peut-être dans l'expropriation brutale de son
frère qu'une occasion de se féliciter de sa propre sagesse. Le sage,
c'était le prodigue qui avait su sacrifier une partie de ses richesses
pour sauver le tout ; l'imprévoyant, celui que railleraient les
moralistes de la trempe de Valère-Maxime, c'était l'avare, « officiellement roi de l'île, en fait misérable esclave de l'argent[2] »,
qui allait tout perdre pour avoir voulu tout garder.

La loi de Clodius une fois votée, le facétieux tribun demanda
au peuple d'envoyer Caton à Cypre en qualité de questeur, mais
avec l'*imperium* prétorien, pour procéder sur place à la liqui-
dation des biens du roi dépossédé. On avait besoin d'un fonctionnaire incorruptible, et il n'y avait à Rome qu'une vertu au-dessus du soupçon, celle de l'homme que, précisément pour ce motif,
Clodius et César, déjà débarrassés de Cicéron, tenaient à éloigner de Rome le plus longtemps possible. Malgré qu'il en eût[3],
Caton dut partir pour Cypre, et Clodius eut soin d'ajouter à sa

1. Cic., *Pro Sest.*, 27. Cf. Ammian. Marcell., XIV, 8, 15. Cicéron, traqué
par Clodius et exilé en 58, venge aussi ses propres injures en attaquant la loi
de Clodius.

2. Val. Max., IX, 4, 3, *Extr.*, 1. Valère Maxime trouve « risible » non pas
qu'il ait gardé son argent pour lui, mais qu'il ne l'ait pas coulé en mer avec
lui pour en frustrer ses spoliateurs. Mais nous ne connaissons l'*avaritia risu
prosequenda* du roi que par le témoignage des gens qui, l'ayant dévalisé, ont
prétendu qu'il méritait ce traitement sommaire.

3. Clodius lui avait dit, paraît-il : « Si tu n'y vas pas de gré, tu partiras de
force » (Plut., *Cato minor*, 34).

mission une corvée supplémentaire en le chargeant de ramener à
Byzance des exilés qui avaient su, par des moyens qu'on devine,
intéresser le démagogue à leur cause. « A son départ », dit Plutarque, « Clodius ne lui fit donner ni troupes ni appariteurs, mais
seulement deux greffiers, dont l'un était un voleur et un scélérat,
l'autre un client de Clodius[1] ». Il fallait bien surveiller la vertu
de Caton et, si faire se pouvait, jeter le désordre dans ses comptes.
Grâce à cette admirable combinaison, Caton, acculé à une
besogne répugnante dont les conservateurs ne lui sauraient
aucun gré, risquait par surcroît de se heurter à une résistance
du roi de Cypre et d'endosser la responsabilité de ce que pourraient faire à son insu ses acolytes.

    « Caton envoya devant lui à Cypre Canidius, un de ses amis,
pour engager Ptolémée à se retirer sans combat, en lui promet-
tant qu'il ne manquerait jamais, sa vie durant, ni de richesses ni
d'honneurs, car le peuple romain lui conférerait le sacerdoce
d'Aphrodite à Paphos. Quant à lui, il s'arrêta à Rhodes pour y
faire ses préparatifs et attendre les réponses[2] ». Le désespoir du
malheureux roi de Cypre simplifia la tâche des spoliateurs. On
raconte qu'il avait d'abord entassé ses trésors dans des navires,
avec l'intention de les faire couler en haute mer, « pour mourir
à son gré et frustrer ses ennemis de leur butin » ; mais que,
n'ayant pas le courage de noyer son or et son argent, il ramena
chez lui ce salaire de ses bourreaux[3]. Ce qui est certain, c'est
qu'il aima mieux s'empoisonner que d'aller finir ses jours sous la
robe de prêtre à Paphos[4].

    Caton, informé de ce dénouement heureux pour lui, envoya à
Cypre son neveu M. Brutus, pour empêcher que Canidius ne suc-
combât à quelque tentation, et prit le temps de faire sa tournée de
Byzance. Après quoi, s'étant rendu à Cypre, « il trouva des
richesses prodigieuses et vraiment royales en vaisselle, en tables,
en pierreries, en étoffes de pourpre. Il fallut tout vendre pour en
faire de l'argent. Caton, voulant mettre de l'exactitude en toutes
choses et faire monter les objets à leur plus haute valeur, assista
lui-même à la vente et porta en compte les moindres sommes. Il

1. Plut., *Cato minor*, 34.
2. Plut., *op. cit.*, 35.
3. Val. Max., IX, 4, 3, *Extr.*, 1.
4. Plut., *op. cit.*, 36. Vell., II, 38, 45. Flor., III, 9. Amm. Marcell., XIV,
8, 15.

ne s'en fiait pas aux formes ordinaires des encans, mais il tenait pour suspects tout le monde, les appariteurs, les crieurs, les enchérisseurs et jusqu'à ses amis : à la fin, il s'adressait personnellement à chacun des acheteurs, les poussant à enchérir, et c'est dans ces conditions qu'il adjugea la majeure partie des objets vendus[1] ». Caton surveilla avec le même soin l'expédition du produit de la vente, qui montait à près de 7,000 talents. Il fit faire de petites caisses contenant chacune 2 talents 500 drachmes, munies de flotteurs en liège, qui, en cas de naufrage, indiqueraient l'endroit où elles auraient coulé. Il ramena heureusement à Rome sa précieuse cargaison, avec un lot d'esclaves qui n'avaient sans doute pas trouvé acquéreur; mais, par un singulier hasard, qui dut causer à Clodius plus de plaisir que de surprise, il perdit en route toutes ses pièces de comptabilité, le registre des recettes aussi bien que celui des dépenses, l'un dans un naufrage, l'autre dans un incendie. Il est vrai qu'il avait eu soin d'amener avec lui les comptables de Ptolémée, dont le témoignage pouvait au besoin le couvrir, notamment l'intendant Nicias, pour qui il demanda au Sénat la faveur de l'affranchissement[2]. Ces modestes serviteurs purent assister à l'espèce de triomphe qui fut décerné à Caton et juger, par l'enthousiasme public, de la fascination qu'exerçait maintenant la vue de l'or sur les compatriotes des Fabricius, des Curius et des Cincinnatus[3].

Ptolémée Aulète pouvait être aussi parmi les spectateurs qui regardaient passer à travers le Forum les dépouilles de son frère. Si Plutarque n'a pas eu, à l'endroit de la chronologie, quelqu'une de ces distractions dont il est coutumier, le roi d'Alexandrie devait être arrivé à Rome avant Caton[4]. Il y venait en exilé, presque en fugitif, pour implorer de nouveau l'assistance des Romains contre les Alexandrins, qui l'avaient expulsé de leur

1. Plut., *Cato minor*, 36.
2. Plut., op. cit., 38-39.
3. Plut., *ibid.* Flor., III, 9. Lucan., *Phars.*, III, 164 (César tire du Trésor *quod Cato longinquo vexit super aequora Cypro*).
4. D'après le contexte et aussi la vraisemblance, c'est à Rhodes que Ptolémée Aulète alla trouver Caton (ci-après). D'autre part, on sait que le trône était déjà occupé par la fille aînée de Ptolémée avant le mois de septembre 58 (cf. Strack, p. 68). Ptolémée a dû aller tout droit de Rhodes à Rome. A rectifier la date de 57, donnée par Drumann (*Gesch. Roms*, II, p. 536; V, p. 662).

ville, ou, ce qui revient au même, lui avaient interdit d'y rentrer. Les textes dont nous disposons nous permettent de deviner à peu près ce qui s'était passé. Dion Cassius rapporte que, déjà irrités par les exactions du roi, les Alexandrins — c'est-à-dire la soldatesque et les clubs[1] — l'avaient sommé ou de demander Cypre aux Romains ou de rompre avec de pareils amis, et que, ne pouvant ni leur persuader de se tenir en repos ni les y contraindre, faute de mercenaires, il s'était enfui et était allé porter ses doléances à Rome, où il accusait ses sujets de l'avoir expulsé[2]. Il avait d'abord fait voile pour Rhodes, non pas pour intercéder auprès de Caton en faveur de son frère, mais pour prendre l'avis de Caton. Celui-ci, avec une grossièreté voulue, lui avait donné audience sur sa chaise percée[3] et lui avait conseillé de retourner en Égypte, au lieu d'aller se mettre à la merci « des puissants de Rome, dont l'Égypte tout entière, fût-elle convertie en or, pourrait à peine assouvir la cupidité ». Caton s'offrit même à l'accompagner, pour l'aider à se réconcilier avec ses sujets. Ces bons conseils, qui n'auraient rien perdu à être présentés sur un ton moins rogue, firent impression sur Ptolémée, mais ses amis le détournèrent de les suivre. Il paraît donc avéré que Ptolémée ne fut pas précisément expulsé par les Alexandrins, mais qu'il prit prétexte de ses dissentiments avec eux pour envenimer le conflit et leur faire infliger par les Romains un châtiment exemplaire. Timagène d'Alexandrie, un contemporain, qui nous donne évidemment la version de ses compatriotes, affirmait que Ptolémée avait quitté l'Egypte sans y être contraint, à l'instigation de Théophane de Mitylène, l'âme damnée de Pompée, lequel cherchait à faire naître une guerre où son patron, déjà las du repos, pût récolter honneur et profit. Sans doute, il ne suffit pas que

1. Dans son discours aux Alexandrins (*Orat.*, XXII, p. 383), Dion Chrysostome dit que Ptolémée fut chassé par les Σταμαριστοὶ καὶ τοι...θ' ἕτερα ἑταιρειῶν ὀνόματα. La fréquence et la soudaineté des émeutes à Alexandrie ne s'expliquent que par l'organisation des « hétæries ».

2. Dio Cass., XXXIX, 2. A Rome, Ptolémée passa évidemment, et avec raison, en somme, pour avoir été expulsé : *pulsus regno* (Cic., *Pro Rabir.*, 2. Liv., *Epit.*, CIV); *seditione flagitatus Alexandreae Romam profugit* (Trog., *Prol.*, XL); ὑπὸ τῶν Αἰγυπτίων ἐκβεβλημένος (Strab., XII, p. 558); τοῦτον οἱ Ἀλεξανδρεῖς ἐξέβαλον (XVII, p. 796).

3. Ὁ δὲ Κάτων ἐτύγχανε μὲν ὢν τότε περὶ κοιλίας κάθαρσιν (Plut., *op. cit.*, 35); à peu près, dit Drumann (III, p. 536), comme un noble de Venise recevait au moyen âge un César de Byzance.

l'assertion de Timagène soit vraisemblable pour qu'elle soit vraie ;
mais, d'autre part, nous n'en sommes plus à croire, avec Plutarque, le candide et loyal Pompée incapable de tremper dans de
pareilles intrigues[1]. Cependant, il reste dans toutes ces combinaisons plus ou moins probables un point obscur. On ne voit pas
bien pourquoi, si Ptolémée est sorti de sa capitale de son plein
gré avec l'intention d'y rentrer de force, il s'en est allé seul,
laissant aux mains de ses sujets toute sa famille. Il est à croire
qu'il est parti sans dessein bien arrêté, se croyant libre de rentrer quand il le voudrait, et qu'il n'eut l'idée de se faire réintégrer par force que quand il s'aperçut qu'Alexandrie lui était
fermée.

Les Alexandrins furent d'abord stupéfaits du départ furtif de
leur roi. Le détour qu'il fit par Rhodes fut cause qu'ils perdirent
sa trace. Suivant Dion Cassius[2], ils ignoraient qu'il se fût réfu-
gié en Italie, ou même ils le croyaient mort lorsqu'ils se déci-
dèrent à mettre sur le trône sa fille Bérénice. Porphyre[3], qui
paraît mieux informé, dit qu'ils ne prirent le parti de rempla-
cer Ptolémée qu'au bout d'un certain temps, lorsque, le séjour
du roi en Italie se prolongeant, ils furent persuadés qu'il ne
reviendrait plus. De toute façon, il faut constater une fois de
plus les effets de la prévoyance avec laquelle les premiers Lagides
avaient fondé sur l'hétérogénéité des races la stabilité de leur
dynastie. Si turbulente que fût la grande cité alexandrine, l'élément hellénique, mêlé lui-même de sang grec et de sang macédo-
nien, tenu en échec par la population égyptienne et juive, n'y
était pas assez prépondérant pour que les Alexandrins pussent se
déprendre de leurs habitudes monarchiques et songer à séparer
leur destinée de celle des Lagides. C'était, du reste, moins que
jamais le moment de l'essayer. La mort de la reine Cléopâtre
Tryphæna, survenue dans le courant de l'année qui suivit le
départ de Ptolémée[4], les obligeant à prendre un parti, et les

1. Plut., *Pomp.*, 49.
2. Dio Cass., XXXIX, 13. Dion oublie le court règne de Cléopâtre Tryphæna,
inexactitude vénielle, comparée aux erreurs, confusions et incertitudes dont
fourmille l'histoire des Lagides, obscurcie par l'homonymie des souverains.
3. Porphyr. ap. Euseb., I, 168, in *Fragm. Hist. Graec.*, III, p. 723.
4. Il y a là un enchevêtrement de problèmes insolubles autrement que par
conjectures, dont aucune ne respecte intégralement des textes inconciliables.
On connaît, de science certaine, cinq enfants de Ptolémée Aulète : trois filles,

enfants mâles de Ptolémée étant encore en bas âge, ils confièrent
la régence ou la royauté à la fille aînée du roi, la « reine »

Bérénice († 55), la célèbre Cléopâtre Philopator († 30), Arsinoé († 31), et deux
fils, Ptolémée XIV († 47) et Ptolémée XV († 44). Porphyre (*loc. cit.*) est seul
à mentionner une fille aînée, appelée Cléopâtre Tryphæna comme sa mère,
laquelle aurait régné conjointement avec sa sœur Bérénice en 58 et serait
morte bientôt après. Strabon (XVII, p. 596) dit que, Ptolémée une fois
« expulsé », les Alexandrins firent reine l'aînée de ses trois filles, « la seule
qui fût légitime ». Il pense évidemment à Bérénice, et Dion Cassius ne connaît non plus que Bérénice comme « reine » durant l'interrègne de 58 à 55. Ni
Strabon, ni Dion, ni Porphyre ne disent mot de la reine mère, qui, dès lors,
est supposée morte, morte assez tôt pour que Ptolémée ait eu, depuis, le temps
de procréer quatre bâtards, implicitement qualifiés tels par Strabon. A part
Lepsius (*Abhandl. d. Perl. Akad.*, 1852, p. 478) et Wilcken (R. E., s. v. *Bere-
nike*), tous les érudits, de Vaillant à M. L. Strack, ont admis que la reine mère
Cléopâtre Tryphæna était morte avant 58, et ils en citent comme preuve le fait
(arbitrairement placé en 63) que les deux Ptolémées étaient fiancés aux filles
de Mithridate (ci-dessus, p. 6). Strack reporte même la mort de Cléopâtre à
la fin de l'année 69, attendu que le nom de la reine ne figure plus après cette
date ni sur les monuments ni sur les actes notariés. Ceci posé, ceux qui ne
veulent récuser ni Strabon ni Porphyre admettent que la Cléopâtre Tryphæna
qui fut intronisée en 58 avec Bérénice, — ou plutôt avant elle (Strack, p. 68),
— était une fille aînée, homonyme de sa mère, et que les quatre autres enfants,
nés de Ptolémée veuf, étaient des « bâtards ». Mais comment concevoir que,
durant les conflits qui préparèrent l'annexion (de 47 à 30 a. Chr.), les Romains,
vingt fois tentés de balayer les restes de la dynastie, n'aient jamais songé à
disqualifier Cléopâtre Philopator et ses deux frères comme bâtards, fils de
bâtards? Et le *Nothus*, qui avait tant souffert de son illégitimité, aurait replacé
dans la même situation ses successeurs? Pour admettre cette énormité
(admise par Strack), il faudrait que Strabon fût infaillible, et il est fort suspect
en cet endroit de s'être trompé de Bérénice, car Pausanias applique la même
expression « seule légitime » (ci-dessus, p. 6), et avec juste raison, à une autre
Bérénice, la sœur, et non plus la fille, de Ptolémée Aulète. Aussi, récusant
Strabon, les uns (Vaillant, Saint-Martin) supposent que l'Aulète s'est remarié
après 63 (avec une inconnue); d'autres (Letronne), que ses enfants étaient tous
nés avant cette date (ce qui est contredit par l'âge de Ptolémée XV, né vers 61);
et tous s'accordent à penser que le roi était encore veuf lors de son départ, en
58, persuadés par Appien qu'il l'était dès 63 et par Porphyre que la Cléopâtre
Tryphæna de 58 était sa fille, et non sa femme. Or, Appien dit simplement
qu'en 63, les filles de Mithridate, qui *avaient été* fiancées (ἐγγεγυημέναι) aux
deux Ptolémées (et non pas qui l'*étaient* à ce moment), étaient encore « demoi-
selles » (ἔτι κόραι). Cet obstacle écarté, il y a lieu de se demander si Porphyre
est plus infaillible que Strabon et s'il n'a pas pu, travaillant sur des textes encom-
brés d'homonymes, dédoubler indûment la personnalité de Cléopâtre Tryphæna,
dédoublement que ne connaissent ni Strabon ni Dion Cassius. Reste l'objection
victorieuse de Strack, à savoir, que le nom de la reine Cléopâtre, déesse Philopator Philadelphe, disparaît dès 69 des monuments et de la datation des
papyrus. Ce constat de carence n'est qu'une preuve négative, qui peut être

Bérénice, assistée de « parents », c'est-à-dire de hauts fonctionnaires qui administraient le royaume en son nom.

Mais on se doutait bien à Alexandrie qu'on n'en avait pas fini par là avec Ptolémée et que le loyalisme témoigné à sa descendance n'était pas pour apaiser ses rancunes. On savait qu'il ne manquait pas de protecteurs. Plutarque laisse entendre que Ptolémée connut dans les antichambres des magistrats les amertumes du métier de solliciteur, et nous apprenons par Cicéron que Crassus considérait ou affectait de considérer l'arrivée du roi d'Égypte comme un contre-temps fâcheux[1]. D'autre part, César, qui commençait alors la conquête des Gaules, était absent. Mais Ptolémée avait été accueilli avec une cordialité démonstrative par Pompée, qui l'avait installé dans sa villa d'Albanum et l'y laissait ourdir à son aise le réseau de ses intrigues. La maison était devenue une sorte de banque, où se faisait en grand le trafic des influences[2]. Ptolémée, dont la cassette de voyage avait dû être assez vite épuisée, négociait des emprunts, souscrivait des billets, donnait hypothèque sur le revenu de son royaume et répandait à pleines mains l'argent qu'il s'était procuré de cette façon. On put dire plus tard, au cours d'un procès célèbre, que Ptolémée avait acheté le Sénat tout entier[3]. Ceux qui hésitaient à vendre leur voix étaient relancés par les hommes d'affaires ; on supposait

infirmée demain par la découverte d'une preuve contraire et qui peut aussi, — Strack en convient lui-même, — s'expliquer autrement. Encore n'est-elle pas complète. Strack (p. 210, 43) est obligé de déclarer inexacte une inscription, datée du 5 décembre 57, qui mentionne l'achèvement des pylônes du T. d'Edfou par Ptolémée Néos Dionysos et sa sœur-épouse la reine Cléopâtre Tryphæna. Inexacte, soit : mais l'erreur commise, vénielle si Cléopâtre n'est morte qu'en 58, devient énorme si elle était décédée onze ans plus tôt. Il est probable que, hors d'Alexandrie, Ptolémée était toujours considéré comme régnant et qu'on ne savait pas à Edfou, en décembre 57, si la reine mère était morte, faute de nouvelles ou par défiance des nouvelles d'Alexandrie. L'existence de la reine mère prolongée jusqu'en 57 résout tous les problèmes à la fois, sans supprimer des textes autre chose que leurs contradictions.

1. Cic., *Pro Caelio*, 7.

2. Strab., XVII, p. 796. Dio Cass., XXIX, 14. Cic., *Pro Rabir. Post.*, 3. Cf. Drumann, IV, p. 512.

3. *Corruptum senatum esse dicunt.* C'est un propos des adversaires que combat Cicéron. Son client était de ceux qui avaient prêté à Ptolémée, *ne quod crediderat perderet, si credendi constituisset modum... suppedita pecunia à Postumo est, factaeque syngraphae sunt in Albano Cn. Pompeii, quum ille Roma profectus esset* (Cic., *Pro Rabir.*, 3).

simplement que leur vertu attendait de nouvelles offres. Au bout
d'un certain temps, Ptolémée eut pour lui et ceux qui avaient
accepté son argent et ceux qui lui en avaient prêté, ceux-ci plus
ardents encore que les autres, parce que la restauration du roi
était la condition préalable du remboursement de leurs créances.

En même temps qu'il préparait l'attaque, Ptolémée ne reculait
pas devant le crime pour fermer la bouche à la défense. En pré-
vision du débat qui allait s'ouvrir, les Alexandrins avaient
envoyé à Rome une délégation de cent de leurs concitoyens, pré-
sidée par l'académicien Dion, pour réfuter les accusations du roi
et apporter les preuves des injustices dont ils avaient été victimes[1]. Ptolémée, informé par ses agents, résolut de ne pas les
laisser arriver jusqu'à Rome. Il expédia à Pouzzoles[2], où ils
devaient aborder, des spadassins qui les reçurent à coups de bâton
et à coups de poignard. Ceux qui échappèrent à ce guet-apens
— c'était, d'après Dion Cassius, le plus petit nombre, — furent
ou assassinés à Rome même, ou corrompus à prix d'argent, ou
intimidés de telle sorte qu'ils n'osèrent plus faire la moindre
démarche ni souffler mot des violences auxquelles leurs malheureux collègues avaient succombé. Dion lui-même se tut.

Cependant, les machinations de Ptolémée ne purent avoir raison d'obstacles imprévus. Le Sénat décida que le consul P. Cornelius Lentulus Spinther, qui devait gouverner la Cilicie l'année suivante en qualité de proconsul, irait de sa province en
Égypte pour y réintégrer Ptolémée[3]. Crassus s'était contenté de
faire un semblant d'opposition[4], et Cicéron, qui, rappelé de l'exil
sur la proposition de Lentulus, voulait payer au consul libéra-
teur sa dette de reconnaissance, avait appuyé la motion par un
discours (*De rege Alexandrino*) dont il nous reste quelques
fragments. Mais, soit que l'affaire des ambassadeurs alexandrins
fût survenue alors[5], soit plutôt que les langues se fussent peu à peu

1. Strab., XVII, p. 796. Dio Cass., XXXIX, 13-14. Cent délégués, c'est beaucoup. Les Alexandrins voulaient faire une manifestation éclatante représentant
l'unanimité des partis.

2. Cicéron (*Pro Caelio*, 10) parle *de Alexandrinorum pulsatione Puteolana*.

3. Dio Cass., XXXIX, 12.

4. Cf. Schol. Bob., p. 349 et suiv.

5. C'est l'opinion de Lange (*Röm. Alt.*, III², 320), fondée sur le contexte de
Dion Cassius. Mais Dion ne s'astreint pas à l'ordre rigoureusement chronolo-
gique, et il n'est pas probable que les Alexandrins aient attendu, pour envoyer

déliées et que le scandale eût enfin éclaté, le tribun M. Favonius, devenu pour le moment le chef de l'opposition des conservateurs contre le trio d'ambitieux (Crassus-Pompée-César) qui menait la République, se mit à agiter l'opinion. Il parlait tout haut des ambassadeurs assassinés et des vendus qui assuraient l'impunité aux assassins. Enfin, il proposa sans doute de faire une enquête, car le Sénat, inquiet de tout ce tapage, manda à sa barre Dion, le chef de l'ambassade alexandrine, « pour apprendre de lui la vérité. Mais, à ce moment encore, Ptolémée avait de par son argent un tel pouvoir que Dion ne vint pas à la curie et qu'il ne fut fait aucune mention du meurtre des délégués tant que le roi fut là[1] ». Pour être sûr que Dion ne parlerait pas plus tard, Ptolémée le fit assassiner chez son hôte L. Lucceius[2]. Ce nouveau crime resta impuni comme les autres. L'opinion s'en prit d'abord à un certain P. Ascitius, qui, mis en jugement et défendu par Cicéron contre un accusateur assez accommodant, le jeune L. Licinius Calvus, fut acquitté[3]. Puis on supposa que le coup avait été fait par les esclaves de Lucceius, à l'instigation de M. Cælius Rufus, un brouillon, débauché et endetté, qui avait déjà joué un rôle suspect à Pouzzoles et qui peut-être ne dédaignait pas plus l'argent de Ptolémée que celui de Clodia, sa maîtresse. Mais Cælius, accusé l'année suivante (56) de ce crime et de bien d'autres, défendu par Crassus et par Cicéron, fut acquitté. On savait bien qui était, en fin de compte, l'auteur responsable de tous ces méfaits. De peur de quelque nouvel encombre, qui pourrait obliger le Sénat à revenir sur son vote, Ptolémée jugea opportun de quitter Rome vers la fin de l'année 57 et d'aller attendre en Orient l'arrivée de Lentulus[4]. Il laissait à Rome son fidèle Ammonius pour surveiller ses intérêts, c'est-à-dire pour continuer son honnête négoce[5]. Rien ne semblait plus devoir

leur ambassade, la fin de l'année 57 (Cicéron n'était rentré que le 4 septembre).

1. Dio Cass., XXXIX, 14.

2. *Habitabat is apud Luccetum, ut audistis*, et le meurtre fut perpétré chez Lucceius, *in Urbe ac suae domi* (Cic., *Pro Caelio*, 10 et 22).

3. Cic., *Pro Caelio*, 10. L'auteur du *Dial. de oratoribus* (§ 21) mentionne le discours *Calvi in Ascitium*.

4. Il se rendit dès janvier (?) 56, à Éphèse (Dio Cass., XXXIX, 16). Peut-être avait-il séjourné quelque temps à Athènes, l'hôtellerie cosmopolite.

5. Cicéron écrit à Lentulus, qui était déjà parti à la date du 13 janvier 56 : *Ammonius, regis legatus, aperte pecunia nos oppugnat; res agitur per eosdem*

retarder sa restauration prochaine : le sénatus-consulte était en règle, et Lentulus, qui comptait se faire largement payer ses services, n'était pas moins pressé que Ptolémée de courir à Alexandrie.

Mais tout à coup le vent change. Parmi les nouveaux tribuns de la plèbe qui entrèrent en fonctions en décembre 57 se trouvait un jeune homme de tempérament bouillant, à la langue acérée, C. Caton, qui se mit à exciter le peuple et contre Ptolémée et contre Lentulus. Son but était d'empêcher la restauration du roi d'Égypte, et les fins politiques soupçonnèrent qu'il était stylé sous main par Crassus[1], lequel ne voulait faire les affaires ni de Lentulus ni d'un autre. Lentulus, en effet, avait maintenant un concurrent, masqué, mais d'autant plus redoutable qu'il affectait d'ignorer les intrigues de ses partisans, le grand Pompée lui-même.

Pompée avait été chargé, dans le courant de l'année 57, sur la proposition des consuls, de veiller à l'approvisionnement de Rome. On lui avait conféré à cet effet, pour une durée de cinq ans, des pouvoirs extraordinaires — il n'en acceptait pas d'autres — et ouvert des crédits illimités ; il disposait de la flotte et avait sous ses ordres quantité de légats pour acheter de tous côtés des céréales et escorter les convois[2]. Mais cette besogne de pourvoyeur paraissait bien humble au vainqueur de Mithridate, qui regrettait le temps où il commandait non pas à des marchands, mais à des soldats. Pourquoi, sinon par pure jalousie, le Sénat ne lui confiait-il pas le soin de ramener à Alexandrie son ami Ptolémée ? N'était-il pas, s'il y avait résistance, mieux en mesure de la dompter que l'incapable Lentulus, qui n'avait jamais fait ni vu l'ombre d'une guerre ? C'était aussi, au fond, l'avis de Ptolémée. Le roi, n'ayant pas le choix, s'était résigné à subir le patronage de Lentulus ; mais il n'avait pas caché à son entourage que, et pour son trône et pour son trésor, il aurait eu plus de confiance en Pompée. Les amis de Pompée et les siens travaillaient sous main à discréditer Lentulus au profit de Pompée[3].

creditores per quos, cum tu aderas, agebatur ; regis causa si qui sunt qui velint, qui pauci sunt, omnes rem ad Pompeium deferri volunt (Cic., *Ad Fam.*, I, 1).

1. *Pompeius haec intellegit... C. Catonem a Crasso sustentari* (Cic., *Ad Quint. fratr.*, II, 3, 4).

2. Cic., *Ad Att.*, IV, 1 (septembre 57).

3. Cic., *Ad Fam.*, I, 1 (*Ut in rebus multo ante, quam profectus es, ab ipso rege et ab intimis et domesticis Pompei clam exulceratis... versamur*).

Maintenant que C. Caton avait réussi à rendre Lentulus suspect au peuple, le parti pompéien tout entier se hâta de mettre en avant le nom de son chef. Ammonius, l'agent égyptien, redoublait d'activité pour recruter des voix acquises non plus seulement à Ptolémée, mais à Pompée. Pendant ce temps, Pompée avait toutes sortes de raisons pour être absent et éviter les questions; mais les naïfs seuls pouvaient se demander encore s'il approuvait les agissements de ses amis.

L'ambition tortueuse et hypocrite de Pompée avait le don d'exaspérer tout particulièrement les conservateurs. Pour parer le coup et déconcerter à la fois tous les intrigants, ils imaginèrent un expédient qui montre qu'en fait d'hypocrisie ils n'avaient rien à apprendre de personne. Dès les premiers jours de janvier 56, le bruit se répand que la statue de Jupiter Latiaris a été frappée de la foudre sur le mont Albain. Un pareil coup de foudre, en plein hiver, ne pouvait être qu'un avertissement du ciel, un « prodige », et des plus sérieux. On consulte les livres sibyllins, et les quindécemvirs y lisent en propres termes l'oracle suivant : « Si le roi d'Égypte vient vous demander quelque assistance, ne lui refusez pas votre amitié, mais pourtant n'allez pas en force à son secours ; sinon, vous aurez peines et dangers. » La sibylle avait pris soin, cette fois, de parler de façon à ne pas laisser sa pensée à la merci des interprètes, et le tribun C. Caton ne lui fit certainement pas de déplaisir en ébruitant tout de suite le résultat de la consultation, au mépris des règlements qui interdisaient de communiquer au peuple des secrets de ce genre sans l'autorisation expresse du Sénat. Il amena les quindécemvirs eux-mêmes sur le Forum et les força à lire le texte de la prophétie au peuple enchanté d'apprendre ce qu'il n'avait pas le droit de savoir. Ledit texte fut ensuite traduit en latin, à l'usage de ceux qui n'entendaient pas le grec, lu à haute voix et affiché par les crieurs publics[1]. De cette façon, il n'était plus au pouvoir de personne de renvoyer la prophétie aux archives secrètes et d'étouffer la voix de la sibylle.

La précision et la rapidité de ces manœuvres rendaient la préméditation évidente. Tout le monde, dans les classes dirigeantes, savait à quoi s'en tenir là-dessus; mais il fallait maintenant compter avec la foi populaire et la religiosité officielle. Les partisans de Ptolémée, de Lentulus, de Pompée, ne perdirent cepen-

____
1. Dio Cass., XXXIX, 15-16.

dant pas courage. Au cours de janvier 56, on discuta de plus belle au Sénat, non pas précisément sur la question de savoir s'il fallait obéir à la révélation divine, — il y avait là une *religio* intangible, — mais sur les moyens de tourner l'obstacle. La sibylle défendait de restaurer Ptolémée par la force, mais elle n'interdisait pas de le faire par des moyens pacifiques. Un ordre signifié aux Alexandrins par un mandataire officiel de la République avait chance d'être obéi sans qu'il fût besoin de contrainte matérielle. En ce cas, l'effet de l'injonction serait d'autant plus sûr que le fonctionnaire romain aurait personnellement plus de prestige. Pompée était bien l'homme qu'il fallait pour une telle mission. Ptolémée n'avait confiance qu'en lui; il le fit savoir par une lettre que le tribun A. Plautius eut soin de lire à ses col-lègues[1]. Mais, d'autre part, l'honneur brigué à la fois par Lentu-lus et par Pompée perdait singulièrement de son prix s'il était absolument interdit de tirer l'épée ou de la montrer. L'expédition projetée n'était plus qu'une ambassade ordinaire. Cependant, à défaut de gloire, restaient les bénéfices de l'opération, et c'en était assez pour animer le zèle des partis.

Pompée, soit dans les conversations particulières, soit au Sénat, faisait semblant de soutenir Lentulus[2]; mais ses amis se chargeaient de prévenir les méprises. Nous trouvons dans la cor-respondance échangée à ce propos entre Cicéron et Lentulus[3] un compte-rendu assez détaillé de la séance tenue par le Sénat le 12 janvier, sous la présidence du consul C. Cornelius Lentulus Marcellinus. Hortensius, Lucullus et Cicéron lui-même furent d'avis que l'on ne pouvait plus autoriser l'emploi de la force armée, mais que, pour tout le reste, le sénatus-consulte de l'an-née précédente devait être maintenu, Lentulus étant déjà sur les lieux, pour ainsi dire, et à même de remplir sa mission sans grand dérangement. Crassus proposa d'envoyer en Égypte, non pas un, mais trois délégués, à choisir soit parmi les particuliers, soit parmi les magistrats. C'était une façon d'amoindrir, en le partageant, un rôle déjà peu glorieux et d'en dégoûter Pompée sans l'en exclure. M. Bibulus, plus franc, voulait exclure Pom-

1. Dio Cass., XXXIX, 16.
2. Cic., *Ad Fam.*, I, 1.
3. Cic., *Ad Fam.*, I, 1-9. Nous n'avons pas les lettres de Lentulus, dont Cicéron indique parfois brièvement le sens.

pée aussi bien que Lentulus en proposant de décider que les trois légats sénatoriaux seraient pris parmi les particuliers. Il eut pour lui tous les consulaires, sauf P. Servilius Vatia Isauricus, qui ne voulait plus entendre parler du tout de restauration, L. Volcatius, qui, avec le tribun P. Rutilius Lupus, proposait hardiment Pompée, et L. Afranius, qui appuya l'avis de Volcatius. Le lendemain, 13 janvier, la plus grande partie de la séance fut occupée par une altercation entre le consul président et le tribun L. Caninius Gallus, l'un soutenant la thèse des consulaires, l'autre celle des Pompéiens. Cicéron assure qu'il se fit l'organe du tiers parti et qu'il plaida longuement la cause de Lentulus Spinther. A la séance du 14, on alla aux votes sur les trois propositions en présence, toutes visant une restauration pacifique, mais opérée par des personnes différentes. Celle de Bibulus, mise aux voix d'abord, ne réunit point de majorité. Comme on allait passer à la seconde, celle d'Hortensius, le tribun P. Rutilius Lupus réclama la priorité pour la sienne. Le reste de la séance se passa à ergoter sur cette question de procédure parlementaire, et on se sépara sans avoir rien fait qu'approuver le principe de la restauration à l'amiable, voté tout d'abord comme première partie de la proposition de Bibulus[1]. Le lendemain, 15 janvier, on constata que l'affaire n'était pas mûre, qu'il était impossible de s'entendre, et, comme la seconde moitié de janvier était occupée tout entière par des « jours comitiaux », le mois de février réservé tout entier aux audiences diplomatiques, les débats furent ajournés à plus tard[2].

Cet ajournement équivalait, pour les conservateurs, à une victoire. Leur joie eût été sans mélange s'ils n'avaient craint que le peuple, incapable de comprendre les finesses de la tactique parlementaire, ne fût saisi de la question par les intéressés. Un sénatus-consulte interdisant cet appel au peuple avait été frappé d'intercession par les tribuns Caton et Caninius, deux adversaires qui s'entendaient vraiment trop bien en l'occurrence[3]. Tout ce qu'on put obtenir d'eux fut la promesse de ne pas proposer de loi sur le sujet avant les comices qui allaient avoir lieu pour l'élection des édiles, élection retardée jusque-là par les violences du

1. Cic., *Ad Fam.*, I, 2.
2. Cic., *Ad Fam.*, I, 4.
3. Cic., *Ad Fam.*, I, 3.

candidat P. Clodius. Mais les élections furent faites dès le 20 janvier, et aussitôt, luttant de vitesse, Caton afficha un projet de loi abrogeant l'*imperium* de Lentulus, et Caninius un autre projet chargeant Pompée de restaurer Ptolémée sans autre armée que deux licteurs[1]. Des compères n'auraient pas opéré avec plus d'ensemble, et on se demande ce que Caton, toujours si prompt à déblatérer contre Pompée, eût fait de plus s'il avait été enrôlé dans la clientèle du grand homme.

Les nouveaux projets de loi provoquèrent, comme bien on pense, une vive agitation. Le fils de Lentulus prit le deuil[2]. Cicéron, dans sa correspondance, crie à la scélératesse de Caton et traite les deux tribuns de brigands[3]. Il prévoit que, si le Sénat, pour empêcher les comices législatifs, recourt aux mesures accoutumées, Caninius emploiera de son côté la violence[4]. Pompée restait impénétrable ; mais ses amis et les agents de Ptolémée faisaient ouvertement campagne contre son rival. On semait sur le Forum et autour de la curie des copies d'un soi-disant message, vrai ou faux, de Ptolémée, demandant « qu'on lui donnât pour général Pompée au lieu de Spinther[5] ». Pourtant, Pompée n'était pas encore si près du but. Non seulement il se rendait suspect au Sénat, mais sa popularité baissait visiblement. Le favori du jour, P. Clodius, qui avait voulu l'assassiner dix-huit mois auparavant, ne perdait aucune occasion de l'insulter publiquement, surtout depuis que Pompée eut pris contre Clodius le parti de Milon. Le démagogue connaissait bien son majestueux adversaire et savait le toucher à l'endroit sensible. Parmi les sarcasmes auxquels répondaient en chœur les bandes clodiennes dans la scandaleuse scène du 6 février figure le refrain : « Qui veut aller à Alexandrie ? Pompée ! Qui faut-il y envoyer ? Crassus[6] ! » Plus d'un « ami » de Pompée riait sous cape de voir l'hypocrite démasqué. Au Sénat, C. Caton accablait Pompée de reproches amers, et la haute assemblée l'écoutait en silence[7].

1. Cic., *Ad Quint. fratr.*, II, 2-3. *Ad Fam.*, I, 5.
2. Cic., *Ad Quint. fratr.*, II, 3.
3. Cic., *Ad Fam.*, I, 5. *Ad Quint. fratr.*, II, 2.
4. Cic., *Ad Quint. fratr.*, II, 2.
5. Plut., *Pomp.*, 49. *In ea re quid Pompeius velit, non dispicio; familiares ejus quid cupiant, omnes vident; creditores vero regis aperte pecunias suppeditant contra Lentulum* (Cic., *Ad Quint. fratr.*, II, 2).
6. Cic., *Ad Quint. fratr.*, II, 3. Plut., *Pomp.*, 48.
7. *Auditus est magno silentio malevolorum* (Cic., *Ad Quint. fratr.*, II, 3). 11

Harcelé par ces moucherons venimeux, le lion se tenait maintenant à l'écart. On ne le voyait plus que rarement à la curie, et il évitait tout à fait le Forum. C'est dans l'intimité qu'il exhalait ses plaintes, disant qu'on en voulait à sa vie, que Caton et Clodius étaient payés par Crassus et que les optimates étaient ses plus cruels ennemis[1]. Ceux-ci, enhardis par l'appui des démagogues, employèrent sans vergogne toutes les ressources de l'opposition légale. Le consul Marcellinus rendit impropres à la tenue des comices tous les jours « comitiaux » du mois de mars et du mois d'avril en surchargeant le calendrier de fêtes religieuses : féries latines célébrées d'abord, recommencées ensuite ; supplications ordonnées en l'honneur des victoires de César[2]. S'il restait quelque lacune, elle était sans doute comblée par l'obnonciation. Le tribun L. Racilius aidait de son mieux le consul[3]. C. Caton, exaspéré par cette obstruction malhonnête, déclarait qu'il ne laisserait pas faire les prochaines élections si on l'empêchait de tenir les comices législatifs[4]. Ce n'était pas dans sa bouche une vaine menace, car il tint parole et se fit anarchiste par rancune. L'aigreur des débats provoqués par les affaires d'Égypte s'ajouta ainsi aux nombreux fragments de discorde qui préparaient l'avènement du despotisme militaire. Le Sénat essaya bien d'enterrer la question en décidant que personne ne serait chargé de restaurer Ptolémée ; mais l'intercession annula le sénatus-consulte[5]. A plus forte raison n'est-il pas croyable que, comme le prétend Dion Cassius[6], le parti de l'abstention ait réussi à faire interdire par une loi la réintégration du roi exilé. L'historien ne se trompe pas sur le fond, en ce

est difficile de juger du degré de sincérité de cet *adolescens nullius consilii*, qui, dès 59, appelait Pompée *privatum dictatorem* (Cic., *Ad Quint. fratr.*, I, 2). Il en voulait à Lentulus Spinther plus qu'à Pompée, avec lequel il se réconcilia bientôt.

1. Cic., *Ad Quint. fratr.*, II, 3.
2. Cic., *Ad Quint. fratr.*, II, 6.
3. Cic., *Ad Fam.*, I, 7.
4. Cic., *Ad Quint. fratr.*, I, 6.
5. Cic., *Ad Fam.*, I, 7.
6. Dion Cassius dit que « les puissants et l'argent de Ptolémée finirent par prévaloir contre τὰ ψηφίσματα τά τε τοῦ δήμου καὶ τὰ τῆς βουλῆς (XXXIX, 55), et qu'il fut réintégré par Gabinius, ἀπειρηκότος δὲ καὶ τοῦ δήμου τῆς τε Σιβύλλης μὴ καταχθῆναι τὸν ἄνδρα (XXXIX, 56). Il a pris au sérieux les *jussa populi* de Cicéron (*In Pison.*, 21), argument d'avocat glissé par l'orateur dans une série d'arguments vrais.

sens que le peuple, librement consulté, eût certainement préféré
l'annexion de l'Égypte à la restauration du Lagide; mais il
doit avoir confondu « les décrets du peuple et ceux du Sénat »,
dont la différence formelle n'était plus très sensible pour les
hommes de son temps. L'obstination impuissante de C. Caton
montre assez que la machine législative, arrêtée pour lui, ne
put, dans le même temps, être mise en branle par d'autres.

L'impossibilité d'aboutir à une solution légale suggéra aux
impatients des plans aventureux. Pompée, toujours figé dans son
attitude équivoque, faisait parvenir à Lentulus des insinuations
d'une sincérité suspecte. Au sortir d'une conversation avec lui,
Cicéron écrit à Lentulus[1] : « Considérez ce que je vais vous dire
comme une chose dont j'ai souvent causé avec Pompée et que je
vous écris de sa part, avec son autorisation. Il n'y a, en fait,
aucun sénatus-consulte vous enlevant le droit de ramener le roi
à Alexandrie. Le vœu exprimé par l'assemblée, « que personne
« absolument ne restaurât le roi », a été, comme vous le savez,
frappé d'intercession, et il représente plutôt un coup de tête de
gens en colère que l'opinion réfléchie du Sénat. C'est à vous, qui
avez en main la Cilicie et Cypre, de bien examiner ce que vous
pouvez entreprendre et mener à terme. Si vous croyez être à
même de vous rendre maître d'Alexandrie et de l'Égypte, voici
ce qui conviendrait à votre dignité et à celle de notre empire.
Après avoir installé le roi à Ptolémaïs ou dans quelque autre
localité voisine, vous partiriez avec flotte et armée pour Alexandrie; puis, une fois la ville pacifiée et tenue en bride par une
garnison, Ptolémée rentrerait dans son royaume. De cette façon,
il serait rétabli par vous, conformément à l'avis formulé au
début par le Sénat, et il serait ramené sans le concours d'une
multitude, suivant l'intention que les gens scrupuleux (*religiosi*)
prêtent à la sibylle. Seulement, Pompée et moi sommes d'accord
pour prévoir que votre résolution sera appréciée suivant le
résultat. Si la chose tourne comme nous le voulons et souhai-
tons, tout le monde dira que vous avez fait preuve de sagesse et
de courage; s'il y a le moindre mécompte, les mêmes personnes
crieront que vous avez agi par cupidité et à l'étourdie. C'est
pourquoi il faut calculer vos chances de succès, et là-dessus
nous sommes moins bons juges que vous, qui avez pour ainsi dire

---

1. Cic., *Ad Fam.*, I, 7. La lettre est de fin juillet 56.

l'Égypte devant vos yeux. Pour nous, notre avis est celui-ci : s'il vous est démontré que vous pouvez vous emparer du royaume, il n'y a pas à hésiter; si le succès est douteux, il ne faut pas essayer. » On voit que Pompée était un casuiste assez subtil et qu'il connaissait la valeur du fait accompli. Sa consultation servira plus tard de guide à son ami Gabinius, qui, on le verra plus loin, sut rendre les dissertations inutiles. Le proconsul de Cilicie, plus timoré, jugea prudent de ne pas se risquer, et Cicéron fut plus tard le premier à faire valoir contre Gabinius le bel exemple de soumission donné par Lentulus. Sa conscience d'avocat lui permettait d'oublier qu'il avait joué auprès de Lentulus le rôle de tentateur.

Décidément, il fallait laisser sommeiller cette question d'Égypte et attendre que l'opinion publique, distraite par d'autres préoccupations, laissât plus de liberté aux amateurs de solutions imprévues. Ptolémée, découragé, s'installa définitivement à Éphèse, dans le téménos de la déesse Artémis, où il trouvait ce dont il avait besoin pour le moment : une hôtellerie et une banque[1]. A Rome, il ne fut plus fait mention qu'incidemment des affaires des Lagides, et presque avec le regret de s'en être trop occupé. On a vu plus haut comment déjà Cicéron, plaidant au mois de mars pour P. Sestius, avait déploré le triste sort du roi de Cypre, victime de Clodius. C'est encore une querelle entre Clodius et M. Caton, à propos de Cypre, qui rappela au public le souvenir de la confiscation ordonnée en 58. Clodius voula[t] que les esclaves ramenés de Cypre par Caton fussent appelés *Clodii* ou *Clodiani*, comme étant passés au service de l'État romain en vertu de la loi Clodia; Caton n'insista pas pour leur donner son nom, mais il obtint qu'on les désignât par le nom de *Cyprii*[2]. Pour se venger, Clodius essaya d'empêcher la ratification des actes de Caton; il demanda que celui-ci produisît ses pièces de comptabilité, sachant bien qu'elles étaient perdues et que l'honnête homme ne pourrait fournir les preuves écrites de sa vertu[3]. Le démagogue se donna ainsi le plaisir exquis de bafouer Caton tout en le gardant pour allié contre le parti des conservateurs, car Caton ne voulait pas admettre que sa mission

---

1. Dio Cass., XXXIX, 17. Ἐς Ἔφεσον ἐλθών semble indiquer qu'il n'y arriva qu'à ce moment, mais Dion n'est pas un annaliste à cadres rigides.

2. Dio Cass., XXXIX, 23.

3. Senec., *Controv.*, 10. Plut., *Cat. min.*, 38 et 45. Dio Cass., *ibid.*

à Cypre eût été illégale, et il était obligé de défendre la parfaite
légalité des actes du tribunat de Clodius.

III.

Pendant que toutes ces intrigues tenaient en haleine les amis
et les ennemis de Ptolémée à Rome, les Alexandrins imaginaient
de leur côté toutes sortes de combinaisons pour rendre impossible le retour de leur ancien maître. Ils avaient bien une reine,
mais non pas le couple royal qu'exigeait la coutume nationale.
Pour rentrer dans la pratique traditionnelle, il eût fallu marier
Bérénice avec l'un de ses deux jeunes frères ; mais l'aîné de ces
deux frères n'avait guère plus de trois ans en 58. Poussée
jusque-là, la fiction légale risquait de n'être pas prise au
sérieux, et, au surplus, ils avaient besoin d'un roi qui fût
capable de se défendre. Les Alexandrins, en quête d'expé-
dients, eurent alors l'idée de chercher à leur reine un époux
dans la famille déchue des Séleucides, qui, par suite d'al-
liances répétées, était étroitement apparentée à la dynastie des
Lagides. Il y avait justement alors en Syrie plus d'un Séleucide
en disponibilité. Les Alexandrins s'adressèrent d'abord au frère
du dernier roi de Syrie, le cadet des deux jeunes princes que
leur mère Séléné avait envoyés à Rome en 75. C'était un petit-
fils de Ptolémée Évergète II. Ils lui députèrent trois ambassadeurs, Ménélas, Lampon et Callimaque, pour lui faire des offres
officielles. Le prince était sans doute disposé à tenter l'aventure ;
mais il mourut avant que le projet n'aboutît[1]. Les Alexandrins
reportèrent alors leurs vues sur un autre Séleucide, Philippe,
arrière-petit-fils d'Evergète II par sa grand'mère Tryphæna,
femme d'Antiochus VIII Grypos. Le nouveau prétendant accepta
avec empressement cette aubaine inattendue ; mais ses espérances

1. D'après Porphyre (FHG, p. 716 = Euseb., I, p. 251-262 Schœne), seul
garant du fait, ce premier candidat était le roi détrôné par Pompée, Antiochus XIII l'Asiatique. Mais Diodore (XL, 1 b) affirme que ce roi fut assassiné,
peu après sa déchéance (avant 63), par l'émir Sampsiceramos d'Émèse. Porphyre doit avoir confondu entre deux Antiochus ; la mention précise de l'ambassade et de la mort du prétendant invité par les Alexandrins ne permet pas
de récuser tout à fait son témoignage. La moins aventureuse des hypothèses
émises à ce sujet est de substituer à Antiochus XIII son frère, qui a pu prendre,
comme prétendant au trône de Syrie, le nom dynastique d'Antiochus.

se heurtèrent à un obstacle qu'il jugea insurmontable. Le proconsul de Syrie, A. Gabinius (57-55), qui recevait de Rome les ins-
tructions de Pompée, lui interdit de s'embarquer pour l'Égypte[1].
Comme Philippe n'avait pas assez d'argent pour essayer même
d'intéresser Gabinius à sa cause, il rentra dans son obscurité.

L'intervention de Gabinius, quoique purement négative encore,
ne fit que redoubler la hâte des Alexandrins. Ils sentaient appro-
cher l'heure d'une ingérence plus décisive, dont la sibylle ne les
sauverait pas, et ils voulaient mettre les Romains en présence
d'une situation régularisée qui rendrait plus faciles soit les négo-
ciations, soit même la résistance. Ne trouvant plus de Séleucide
authentique qui se prêtât à leurs desseins, ils se rabattirent sur
les candidats d'origine douteuse. Ils découvrirent un certain
Séleucus qui, spontanément ou sur leur conseil, se donnait pour
un descendant des rois de Syrie[2]. On le fit venir à Alexandrie,
où Bérénice, en l'épousant, l'associa au trône[3]. Mais c'était un
grossier personnage, tout à fait digne du surnom de « Poissard »
(*Kybiosactes*) que lui donna, sans doute à première vue, le
peuple alexandrin[4]. « Au bout de quelques jours », dit Strabon,
« la reine, qui n'avait pu se faire à ses manières basses et
ignobles, s'en débarrassa en le faisant étrangler. Un rempla-
çant, Archélaos, se présenta. Il se disait, lui aussi, de sang
royal et se faisait passer pour le fils de Mithridate Eupator ; en
réalité, il était fils d'Archélaos, cet adversaire de Sylla que les
Romains avaient plus tard comblé d'honneurs. » Au lieu de res-
ter dans la grasse sinécure que Pompée lui avait donnée en le
nommant grand-prêtre de Comana dans le Pont, le jeune aven-
turier était venu en Syrie : il s'y était lié d'amitié avec Marc-

1. Toujours d'après Porphyre (*loc. cit.*), qui l'identifie avec Philippe, fils
d'Antiochus Grypos, lequel, de 95 à 83, avait disputé le trône de Syrie à la
branche cadette et fut mis à la porte par ses sujets, en 83, avec les autres
artisans de guerre civile. Il s'agit évidemment de son fils, Philippe II, qui, lui
aussi, avait été un instant roi de Syrie et avait été détrôné, avec son compétiteur Antiochus XIII, par Pompée.

2. Vaillant, Grævius, Kuhn, etc., veulent que ce soit le frère cadet d'Antiochus XIII, celui qui nous paraît avoir été, sous le nom d'Antiochus, le premier
candidat à la main de Bérénice. Séleucus peut bien avoir été un autre frère,
de naissance illégitime. On ne peut faire ici que des hypothèses.

3. Strab., XVII, p. 796 ; Dio Cass., XXXIX, 57.

4. Ce sobriquet fut plus tard appliqué à Vespasien : *Alexandrini Cybio-
sacten eum vocare perseveraverunt, cognomine unius e regibus suis turpissi-
marum sordium* (Suet. *Vesp.*, 19).

Antoine, le futur triumvir, alors préfet de cavalerie dans l'armée de Gabinius[1], et il se préparait à faire campagne avec Gabinius contre les Parthes lorsqu'il disparut tout à coup. Il était à Alexandrie. Gabinius, qui s'occupait aussi beaucoup plus d'Alexandrie que des Parthes, était censé n'avoir rien su des projets de son hôte. C'est la version officielle, que Strabon accepte sans y regarder de plus près. Mais Dion Cassius assure que Gabinius laissa volontairement échapper Archélaos, afin de compliquer la situation et de vendre à plus haut prix les services qu'il comptait rendre prochainement à Ptolémée. En attendant, Archélaos, présenté à Bérénice par des courtiers qui avaient négocié toute l'affaire, fut agréé comme époux et comme roi (56 av. J.-C.).

Il était temps maintenant pour Gabinius de gagner les 10,000 talents que lui promettait Ptolémée comme prix de sa restauration[2]. Il lui fallait pour cela violer tous les règlements, sortir sans autorisation de sa province, engager de son chef une guerre formellement interdite par un sénatus-consulte spécial, en un mot faire fi de tout scrupule et de toute légalité. Mais, après tout, les risques étaient médiocres, comparés aux bénéfices. Pompée, alors consul avec Crassus (55 av. J.-C.), était tout-puissant, et Gabinius, qui agissait de concert avec lui, pouvait compter sur sa protection, ou plutôt sur celle du « triumvirat » tout entier, dans le cas, d'ailleurs probable, où les adversaires des trois associés dénonceraient la haute trahison du proconsul de Syrie, créature et instrument de Pompée. Comme prétexte, il alléguerait qu'il redoutait pour sa province une attaque de la flotte d'Archélaos et des pirates dont on lui avait dit que la mer était pleine[3]; qu'il se trouvait, par conséquent, dans le cas de force majeure prévu par la loi. A Rome, avec de bons amis et de l'argent, les plus mauvaises raisons pouvaient en valoir de meilleures.

Donc, au printemps de l'an 55, Gabinius, maintenu par la volonté des triumvirs dans son gouvernement de Syrie jusqu'à la prochaine arrivée de Crassus, s'achemina vers l'Égypte avec la presque totalité de ses forces disponibles et le roi Ptolémée

<hr>

1. Plut., *Anton.*, 3.
2. Cic., *Pro Rabir. Post.*, 8 et 11; Plut., *Anton.*, 3.
3. Cic., *Pro Rabir. Post.*, 8.

dans ses bagages. La cavalerie marchait en tête, commandée par Marc-Antoine[1]. A Péluse, l'armée se trouva en face d'une garnison juive qui n'opposa aucune résistance, car l'Iduméen Antipater, le conseiller et tuteur des princes hasmonéens, pourvoyeur et intendant de Gabinius, parlementa avec ses coreligionnaires et les décida à passer du côté des Romains[2]. C'est ainsi qu'Antoine fit la garnison prisonnière, exploit facile et qui n'en fut pas moins glorieux pour le jeune préfet de cavalerie. Avant d'aller plus loin, Ptolémée voulait déjà satisfaire ses rancunes : il parlait de tout massacrer. Antoine s'y opposa. De Péluse, l'armée romaine, partagée en deux corps, marcha sur Alexandrie. Elle eut facilement raison des Alexandrins, qui, comme le remarque Dion Cassius[3], toujours prêts à risquer leur vie dans les émeutes, étaient poltrons devant l'ennemi. Archélaos avait bien essayé de barrer le passage aux Romains; mais, refoulé en tête par le corps de Gabinius et pris à revers par la cavalerie d'Antoine, il périt en combattant, à moins que, comme l'insinue Dion Cassius, il n'ait été mis à mort par ordre de Gabinius. Le fait est qu'Archélaos, s'il avait été encouragé et dupé par Gabinius, pouvait devenir gênant. Plutarque assure que son corps fut retrouvé sur le champ de bataille et qu'Antoine lui fit des obsèques magnifiques. On racontait plus tard que le malheureux Archélaos n'avait pu obtenir le moindre effort du troupeau d'efféminés sur lequel il régnait depuis six mois. Comme il voulait établir un camp fortifié en avant d'Alexandrie, ses soldats avaient crié d'une voix unanime que creuser des fossés n'était pas leur affaire et qu'il fallait embaucher des terrassiers pour cette besogne[4].

Les Alexandrins pouvaient cependant s'attendre à payer cher leurs fanfaronnades et leur lâcheté. Ptolémée rentra altéré de vengeance et d'autant plus redoutable que, ramené, on peut le dire, par une armée de créanciers, il avait encore plus besoin d'or que de sang. Il fit mettre à mort sa fille Bérénice et ses partisans avérés; puis il tua pour confisquer, frappant sans ménagement les riches, qui, en effet, devaient s'être particulièrement

---

1. Cic., *Pro Rabir. Post.*, 8. 11; *Phil.*, II, 19; Plut., *Anton.*, 3. Cf. Appian., *B. Civ.*, V, 8.

2. Joseph., *Ant. Jud.*, XIV, 6, 2.

3. Dio Cass., XXXIX, 58.

4. Val. Max., IX, 1; *Ext.*, 6.

réjouis de son expulsion[1]. Gabinius, pressé de retourner en
Syrie, où des troubles avaient éclaté en son absence, lui avait
laissé un corps de garnisaires, composé principalement d'auxi-
liaires gaulois et germains, que nous retrouverons encore quelques
années plus tard à Alexandrie[2]. Antoine s'était éloigné avec son
chef de la ville où il devait un jour couronner une vie « inimi-
table » par une mort trop imitée. Appien a ouï dire qu'il en
emportait comme un pressentiment des voluptés futures, ayant
éprouvé une certaine « excitation du regard » à la vue de la jeune
Cléopâtre, parée des charmes précoces de ses quatorze ans[3].

Gabinius s'était bien gardé, et pour cause, de faire un rapport
au Sénat sur son expédition[4]; mais il ne pouvait empêcher que
la nouvelle ne parvînt bientôt en Italie. Dès le mois d'avril,
Cicéron écrit de sa villa de Cumes à Atticus : « Il y a grande
rumeur à Pouzzoles; on dit que Ptolémée est rentré dans son
royaume. Si vous avez quelque information plus sûre, je serais
bien aise de le savoir[5]. » A Rome, quand la nouvelle fut confir-
mée, ce fut, dans le camp des conservateurs, un concert de malé-
dictions auxquelles se joignirent bientôt les plaintes des publicains et des gens de la province de Syrie, victimes de pillages
commis dans le pays par des bandes de maraudeurs durant l'absence de Gabinius[6]. Pompée et Crassus firent de leur mieux pour
étouffer tout ce bruit; mais il eût fallu, pour éviter des explica-
tions publiques, fermer les portes de la curie. Cicéron, accablé
de politesses par Pompée, mais poussé par une haine plus forte
encore que sa vanité, ne put se contenir jusqu'au bout. Gabinius
était toujours pour lui le consul de l'année 58, l'homme qui, avec
la complicité de son collègue L. Calpurnius Pison, avait livré
Cicéron à Clodius en lui ôtant tout moyen de défense et l'avait
comme poussé sur la voie douloureuse de l'exil. Quand on déli-
béra, au milieu de l'année, sur la répartition des provinces consulaires, Cicéron, visant ses deux ennemis à la fois, demanda

1. Dio Cass., XXXIX, 58.
2. Ces *Gabiniani milites* assassinent, en 50, deux fils de M. Bibulus, alors
proconsul de Syrie, et César eut ensuite affaire à eux (Caes., *B. Civ.*, II, 4,
103; III, 110; Val. Max., IV, 1, 15).
3. Appian., *B. Civ.*, V, 8.
4. Cic., *In Pison.*, 21; Dio Cass., XXXIX, 59.
5. Cic., *Ad. Att.*, IV, 10.
6. Cic., *Prov. consul.*, 5.

que Pison fût rappelé de Macédoine et Gabinius de Syrie.
« Va-t-on », s'écrie-t-il, « laisser plus longtemps en Syrie cette
Sémiramis? » Puis il flétrit l'impudeur, l'incapacité, l'avarice de
Gabinius, énumérant les ruines qu'il a causées, les dénis de jus-
tice dont il s'est rendu coupable. Assassin et voleur, voleur surtout, tel est en raccourci le portrait du proconsul de Syrie, qui
serait le plus vicieux des hommes si le proconsul de Macédoine
n'avait en plus l'hypocrisie[1]. Cependant, l'orateur est bien
maître de son indignation, car il laisse de côté son meilleur
argument : il ne dit mot de l'expédition d'Égypte. Sans doute,
ce scandaleux silence lui fut reproché par ses amis, ou Pompée
ne s'en montra pas assez reconnaissant. Lorsque, deux mois
après, Cicéron rencontra Pison au Sénat et riposta à ses insinuations acrimonieuses par le violent réquisitoire que nous connaissons, il ne put se tenir de mettre une fois de plus Gabinius en
parallèle avec Pison, et, cette fois, il n'oublia plus le voyage
d'Alexandrie. Nous l'entendons dénoncer le crime de l'homme
qui « a vendu au roi d'Égypte sa personne, ses faisceaux, l'armée du peuple romain, la révélation et prohibition des dieux
immortels, les réponses des prêtres, l'autorité du Sénat, les
ordres du peuple, le nom et la dignité de l'empire ». Gabinius
n'avait pas le droit de mener ses soldats hors de sa province; il
en est sorti pour accompagner en mercenaire le roi d'Alexandrie. Il a fait la guerre sans que le Sénat ou le peuple l'ait
ordonné, et il tombe ainsi sous le coup de lois précises, que l'orateur voudrait lui voir appliquer, si tant est que ce malfaiteur ose
revenir. « Gabinius », dit Cicéron en terminant sa digression,
« s'est fermé le retour à lui-même : moi, cependant, je l'attends,
curieux de voir le front de ce personnage[2] ». Cicéron ne se doutait pas alors que l'on verrait, au retour de Gabinius, un spec-
tacle plus rare encore : le « front » de l'avocat qui défendrait le
coupable devant le jury après l'avoir si vertement malmené en
plein Sénat!

En attendant, Gabinius ne revenait pas. Vers le milieu de
novembre, Crassus, impatient d'ajouter à ses richesses et à l'or
qu'il avait, lui aussi, reçu de Ptolémée par l'intermédiaire de

---

1. Cic., *Prov. consul.*, 2-7. La question la plus importante du jour était
celle du rappel de César.
2. Cic., *In Pison.*, 21.

Gabinius[1] quelques lauriers cueillis sur les Parthes, abandonna ses fonctions de consul pour aller prendre possession de son gouvernement de Syrie; et pourtant, on ne vit pas reparaître Gabinius. Au mois de février 54, mois réservé aux affaires étrangères, on s'occupa enfin des affaires de Syrie. Des ambassadeurs tyriens furent admis à exposer leurs doléances contre les publicains, et les publicains firent leur apologie aux dépens de Gabinius, qui, comme l'écrit Cicéron à son frère, fut « rudement malmené[2] ». Cicéron garda le silence par lui promis aux triumvirs, espérant bien être vengé par ses amis. Mais, « ce jour-là, on ne fit rien ». Les tribuns menacèrent de porter l'affaire devant le peuple; sur quoi le consul Appius Claudius déclara que la loi l'obligeait à convoquer le Sénat tous les jours de février, et que, par conséquent, il ne pourrait y avoir de comices avant le mois de mars. Dans l'intervalle, le zèle des tribuns se refroidit, et l'on pensa à autre chose. On revint sur l'affaire de Gabinius quand on apprit qu'il avait fait difficulté pour céder sa province à Crassus. Pour le coup, Cicéron s'enhardit. Malgré les objections de Pompée, il prononça un discours contre Gabinius, — discours aujourd'hui perdu[3], — et il demanda que l'on ouvrît de nouveau les livres sibyllins pour y chercher quel châtiment il convenait d'appliquer à l'ex-proconsul de Syrie[4]. On ne trouva rien dans les livres sibyllins, mais un débordement du Tibre vint à point pour attester la colère des dieux. C'était là une preuve irrécusable, qu'on ne pouvait faire passer pour une supercherie, et le Sénat résolut de procéder avec la dernière rigueur contre Gabinius. On parlait de le mettre hors la loi et de le condamner à mort par contumace[5].

On sait le reste. Gabinius, enfin rassuré par l'effet des largesses qu'il avait fait parvenir en bonnes mains[6] et par la protection active de Pompée, arriva le 19 septembre sous les murs de Rome, affectant de se croire irréprochable et même candidat au triomphe. Accusé de lèse-majesté et de concussion, il fut

---

1. Dio Cass., XXXIX, 60.
2. Cic., *Ad Q. fratr.*, II, 13 (*vehementer vexatus Gabinius*).
3. Mentionné par Quintilien (XI, 1, 73).
4. Dio Cass., XXXIX, 59-61.
5. Καίτοι μηδενὸς τοιούτου ἐν τοῖς Σιβυλλείοις χρησμοῖς εὑρεθέντος (Dio Cass., XXXIX, 61).
6. Dio Cass., XXXIX, 62.

absous dans le premier procès, — ce qui légitimait définitivement la restauration de Ptolémée, — et condamné dans le second à une amende de 10,000 talents. Cicéron, qui s'était contenté de figurer à l'arrière-plan parmi les témoins à charge, lors du procès de majesté[1], prit peur quand il vit Gabinius absous, et, dans le procès de concussion, il défendit le client de Pompée[2]. Il dut d'autant plus regretter cette inoubliable lâcheté qu'il en eut la honte sans le profit. Déçu par la sentence du premier jury, il le fut encore par celle du second, qui se vengea d'avoir été plus mal payé que l'autre. Gabinius, en effet, se croyant mis à l'abri par son acquittement sur le chef de majesté, s'était montré moins généreux cette fois, et il fut puni non pas tant pour avoir extorqué de l'argent que pour avoir fait mal à propos des économies. Malgré les témoignages écrits de Pompée et de Ptolémée, malgré la complaisance de délégués alexandrins, qui vinrent certifier que Gabinius n'avait pas reçu d'argent, celui-ci fut condamné à restitution et s'exila comme insolvable[3].

Le procès de C. Rabirius Postumus, qui termina provisoirement cette série de scandales provoqués par les affaires d'Égypte, nous renseigne sur ce qui s'était passé durant ce temps à Alexandrie. Aussitôt que Ptolémée eut remis le pied dans son royaume, la bande des créanciers s'était abattue sur leur proie. Un des premiers que l'on vit apparaître à Alexandrie fut C. Rabirius Postumus, neveu et fils adoptif du Rabirius accusé jadis de haute trahison et défendu par le consul Cicéron. Rabirius était un des gros financiers de l'époque. Avec ses fonds et ceux de ses amis, il brassait des affaires un peu partout, soumissionnant des fermes générales ou des travaux publics, prêtant aux villes et aux souverains. Naturellement, ce manieur d'argent était entré en relations avec Ptolémée, qui avait toujours besoin de prêteurs, de garants, d'entremetteurs. Déjà, en 59, lorsque Ptolémée avait acheté de César son titre de roi et d'allié du peuple romain, Rabirius lui avait prêté une somme assez forte, qui n'avait pu être remboursée, car, l'année suivante, le roi était en fuite. Pour sauver cette première créance, Rabirius avait ouvert largement sa caisse à l'exilé, et il en savait long sur l'usage qui fut

1. Cic., *Ad Q. fr.*, III, 4; Dio Cass., XXXIX, 62 (ὁ Κικέρων δεινότατα αὐτοῦ κατηγόρησεν).
2. Cic., *Pro Rabir., Post.*, 8. 12.
3. Cic., *Pro Rabir. Post.*, 11-13.

fait alors de son argent. Une fois Ptolémée restauré, le banquier alla surveiller ses rentrées. Il avait à se faire rembourser capital et intérêts, et, de plus, à encaisser pour le compte de Gabinius les 10,000 talents promis à celui-ci. Ptolémée le nomma surintendant des finances égyptiennes. Soutenu par les garnisaires que lui avait laissés Gabinius sous prétexte de protéger la personne du roi, Rabirius se mit à pressurer le contribuable. Des plaintes s'élevèrent de toutes parts, si bien que Ptolémée, qui connaissait les Alexandrins, jugea opportun d'emprisonner Rabirius et ses agents, pour donner une certaine satisfaction à la colère du peuple, tout en mettant Rabirius à l'abri des violences de la rue. Il est probable que les Alexandrins ne se contentèrent pas de ce semblant de sévérité et qu'ils menacèrent d'enfoncer les portes de la prison, car Rabirius, au dire de son avocat, s'enfuit tout nu et sans ressources, après avoir cru maintes fois toucher à sa dernière heure.

En somme, Rabirius, qui ne mérite d'ailleurs aucune sympathie, n'était pas si fort à plaindre. L'habile homme avait déjà su mettre en lieu sûr de beaux bénéfices, — on le dit du moins à Rome, — et il prit prétexte de sa mésaventure pour ne pas payer ses propres créanciers ou co-associés, qui furent désintéressés par César. Mais César ne put le garantir aussi bien des conséquences de la condamnation de Gabinius. Celui-ci étant déclaré insolvable, l'accusateur C. Memmius, encouragé par le succès, se prévalut d'un article de la loi *Julia de repetundis,* — une loi faite par César lui-même, — pour rendre solidairement responsable l'homme d'affaires de Gabinius, celui qui avait dû partager avec lui l'argent extorqué au roi d'Égypte. Il intenta donc à Rabirius un nouveau procès qui, les deux affaires étant connexes, fut plaidé devant les mêmes juges. Cicéron, qui avait défendu Gabinius pour plaire à Pompée, se résigna à défendre Rabirius pour être agréable à César. Il le fit sans conviction, pleurant par métaphore et aussi préoccupé d'excuser ses palinodies que de sauver son client. Il n'avait pas le droit d'être sévère pour les envoyés alexandrins qui, après avoir témoigné naguère en faveur de Gabinius, vinrent déposer contre Rabirius. Chacun prenait conseil de son intérêt, sans nul souci de la vérité; mais les Alexandrins avaient pour cela toutes sortes d'excuses que n'avait pas le moraliste nourri de Platon et occupé en ce moment-là même à écrire son traité *De la République.* Nous ne savons quelle fut l'issue du procès. Il est probable que le jury, présidé par M. Caton, condamna Rabirius pour mortifier César et que le financier était en exil quand, sept ans plus tard, César, devenu dictateur, le recueillit avec Gabinius dans son armée[1].

Tout ce bruit une fois apaisé, on n'entend plus parler de Ptolémée; mais il est certain que ses faits et gestes n'avaient pas cessé d'intéresser les nombreux créanciers qu'il avait encore à Rome. En octobre 54, Cicéron, écrivant à Trebatius, qui s'impatientait de ne pas faire fortune assez vite en Gaule, l'engage à se calmer en songeant que d'autres, munis ceux-là de créances en bonne forme, n'ont pas encore pu tirer un écu d'Alexandrie[2]. Le berger à la flûte avait tellement tondu son troupeau qu'il ne pouvait plus continuer l'opération sans risquer de faire couler le sang et crouler son trône. Au surplus, le procès de Rabirius avait dû le rassurer sur les chances qu'avaient ses créanciers de trouver appui à Rome, et il est probable qu'une fois en règle avec les plus puissants, il se pressait moins de satisfaire les autres.

Cependant, la fin de ce lamentable règne approchait. Le 1er août de l'an 51, M. Cælius, le même qui avait été naguère accusé d'avoir trempé dans l'assassinat des députés alexandrins, écrit de Rome à Cicéron, alors proconsul de Cilicie : « On nous a annoncé, et la nouvelle paraît maintenant certaine, que le roi d'Alexandrie est mort. Renseignez-moi par écrit et en détail; dites-moi ce que vous me conseillez, en quel état se trouve actuellement ce royaume et qui l'administre[3]. » Nous n'avons plus, et c'est grand dommage, la réponse de Cicéron; nous y perdons, sans aucun doute, les « on-dit » du moment sur cette mort, que l'âge du roi — quarante-quatre ou quarante-cinq ans — ne faisait pas prévoir. En tout cas, il est clair que les ministres alexandrins ne s'étaient pas pressés de notifier officiellement à Rome la mort de leur souverain, et que peut-être, comme il était arrivé lors du décès clandestin de Ptolémée IV Philopator, ils l'avaient cachée le plus longtemps possible pour se donner le temps d'aviser sans ingérence du Sénat romain. D'après la date de la lettre de Cælius, on peut supposer que Ptolémée était mort depuis deux mois environ, vers la fin de mai 51 ou dans le courant de juin.

1. Caes., *B. Afric.*, 8.
2. Cic., *Ad. Fam.*, VII, 17.
3. Cic., *Ad Fam.*, VIII, 5.

IV.

Ce triste monarque, qui, durant près de trente ans de règne, avait été le fléau de ses sujets, laissait quatre enfants et un testament par lequel il réglait sa succession. Comme il se savait détesté des Alexandrins, c'est au peuple romain qu'il confiait le soin de surveiller l'exécution de ses dernières volontés. Il avait eu la précaution d'expédier à Rome, pour y être déposé aux archives publiques, un exemplaire de son testament, exemplaire qui, en attendant l'enregistrement officiel, fut déposé chez Pompée. Le roi instituait pour héritiers l'aîné de ses fils et l'aînée de ses filles, lesquels, suivant la coutume nationale et en dépit de la disproportion des âges, devaient être les rois-époux. C'était, en somme, le droit commun en matière de succession dynastique, et il ne paraît pas qu'il y ait eu réclamation ou opposition quelconque à l'avènement du nouveau couple. Ainsi fut introduite sur la scène de l'histoire, pour y jouer, avec les plus grands acteurs du siècle, un rôle terminé en tragédie, la célèbre Cléopâtre Philopator, épouse, à dix-sept ans, de son frère Ptolémée XIV, un enfant de dix ans, qui devait mourir adolescent en combattant César après avoir assassiné Pompée.

Les théoriciens modernes de l'hérédité ne manqueraient pas de prolonger jusque dans la biographie des enfants la responsabilité du père. Ils pourraient remonter plus haut et accrocher le bout de la chaîne aux premiers Lagides. Il suffit à l'histoire de charger Ptolémée Aulète de ses propres vices. Les auteurs anciens lui ont fait bonne mesure. A les entendre, son ambition n'allait qu'à mener joyeuse vie, à être un « nouveau Dionysos », le plus grand buveur et le premier musicien de son royaume, associant la cruauté à la débauche, lâche par surcroît, tout préparé par la trivialité de ses goûts et la bassesse de ses inclinations au rôle abject de protégé, débiteur perpétuel et esclave rampant des Romains. Les écrivains qui le signalent comme le plus méprisable des Lagides sont vraiment bien indulgents pour les crimes et les orgies des Philopator et des Physcon. C'est en lui le virtuose, et peut-être aussi le bâtard, qui indigne le plus Strabon. « Passé le troisième des Ptolémées, dit-il, tous ces Lagides, perdus de vices et de débauches, furent de très mauvais rois; mais les pires de tous furent le quatrième, le septième et le dernier, Aulétès. A la

honte de ses autres déportements celui-ci ajoutait celle de profes-
ser pour la flûte une véritable passion, se montrant même si fier
de son talent qu'il ne rougissait pas d'établir dans son palais des
concours de musique et de se mêler aux concurrents pour disputer
le prix[1]. » Et pourtant, Strabon n'a pas connu Néron, qui a
porté à sa perfection et rendu à jamais haïssable le type de prince
artiste ébauché par Ptolémée Aulète. Plutarque, traitant de l'adu-
lation, rapproche les noms de Ptolémée Aulète et de Néron, deux
victimes des flatteurs. On sent que lui aussi pardonnerait plutôt
à Ptolémée sa dévotion bachique, « ses accès de fanatisme, ses
hurlements, ses danses, ses roulements de tambourin », qu'il ne
lui passerait cette « muselière des joueurs de flûte » qui déshono-
rait la face royale[2]. Ce grief nous touche moins aujourd'hui. Nous
sommes devenus plus indulgents pour les princes artistes, si
d'aventure il s'en rencontre, pourvu qu'ils nous laissent le droit
de les trouver ridicules quand ils font parade de leurs talents.
Voltaire n'avait pas les scrupules de Strabon et Plutarque quand,
dans un article sur les *Arts*, il adressait à Frédéric II ce compliment un peu gros : « Nous entendons par beaux-arts l'éloquence
dans laquelle vous vous êtes signalé en étant l'historien de votre
patrie...; la poésie, qui a fait vos amusements et votre gloire
quand vous avez bien voulu composer des vers français; la
musique, où vous avez réussi au point que nous doutons fort que
Ptolémée Aulète eût jamais osé jouer de la flûte après vous, ni
Achille de la lyre. » Si quelque éditeur futur annote le *Diction-
naire philosophique,* il pourra élargir encore le compliment et
l'appliquer à tel successeur de Frédéric II.

Toute la vie privée de Ptolémée Aulète tient dans quelques
anecdotes sans saveur destinées à prouver une vérité trop banale,
à savoir que les rois les moins respectables prétendent imposer le
respect et l'imitation de leurs manies. « Jadis », dit Lucien, « on
accusa auprès de Ptolémée Dionysos le philosophe platonicien
Démétrios de boire de l'eau et d'être le seul en Égypte qui ne por-
tât pas de vêtements de femme pendant les Dionysies. Si Démétrios, cité au tribunal de Ptolémée, n'avait pas bu dès le matin, au

---

1. Strab., XVII, p. 795.

2. Plut., *De adulat.*, 19. C'est cette muselière ($\varphi o \rho \beta \epsilon \iota \acute{\alpha}$), qui d'après la
légende, avait dégoûté de la flûte la déesse Athéna. On a trouvé à Philæ un
proscynème d'un certain Τρύφων κίναιδος Διονύσου τοῦ νέου (Letronne, *Recueil*,
II, n° 91), titre qui ne laisse pas d'étonner, même sous ce règne.

vu de tout le monde, et s'il n'avait pas dansé au son des cymbales vêtu d'une robe tarentine, c'en était fait de lui, sous prétexte qu'il blâmait par sa sagesse et ses doctrines les débauches de Ptolémée[1]. » Bref, un roi sans dignité, « non pas un homme, mais un flûtiste et un mage », un prodigue qui « dissipa toutes les richesses conservées depuis Philadelphe[2] », un tyran ignoble et grotesque, tel est le portrait peu flatté que les auteurs anciens nous ont laissé de Ptolémée Aulète.

On hésite à faire des retouches à cette oraison funèbre, surtout quand on songe que les numismatistes ajouteraient à tant de titres fâcheux celui de faux monnayeur. Pourtant, il est juste de faire observer que les dérèglements comme les richesses des Lagides étaient devenus un thème littéraire, un lieu commun de morale, et que l'impartialité ou le sens critique des auteurs n'est pas au-dessus de tout soupçon. Ils auraient bien dû nous avertir que Ptolémée ne fut pas tel dès le premier jour, et que le tableau de vices ou de méfaits répartis sur trente années de règne devient plus sombre par le raccourci. Quant aux prodigalités d'Aulète, il y a vraiment quelque injustice à le représenter comme ayant dilapidé pour son seul plaisir les économies accumulées ou conservées durant deux siècles. Il n'est pour ainsi dire pas un Lagide après Philadelphe qui n'ait été accusé de gaspillage, et il n'est pas difficile de deviner que Ptolémée Aulète fut souvent prodigue malgré lui. Il achetait tous les jours le droit de régner, et c'est un droit que les sénateurs de Rome lui faisaient payer très cher. L'histoire de son règne nous a montré d'une façon assez nette où allait une bonne partie de l'argent qui passait par les mains de ce dissipateur. La postérité ne peut lui accorder son estime, mais elle doit réserver une part de son mépris pour ces glorieux Romains qui l'ont si impudemment exploité.

Auguste tira des expériences faites une conclusion qui résume bien des raisonnements. Lorsqu'il prit possession de l'Égypte, il en fit un domaine impérial, administré par des hommes à lui, et les membres de l'aristocratie romaine n'eurent plus le droit d'y mettre le pied.

1. Lucian., *De calumn.*, 16.
2. Athen., V, p. 206 d.

Nogent-le-Rotrou, imprimerie Daupeley-Gouverneur.